Rita Lisauskas

mãe sem Manual

Ilustrações
Thaiz Leão

Belas Letras

© 2017 Rita Lisauskas

Editor
Gustavo Guertler

Coordenação editorial
Fernanda Fedrizzi

Revisão
Germano Weirich

Capa e projeto gráfico
Celso Orlandin Jr.

Ilustrações
Thaiz Leão

Foto da quarta capa
Sérgio Fernandes da Costa

Dados Internacionais de Catalogação na Fonte (CIP)
Biblioteca Pública Municipal Dr. Demetrio Niederauer
Caxias do Sul, RS

L769m	Lisauskas, Rita
	Mãe sem manual / Rita Lisauskas. _Caxias do Sul, Belas Letras, 2017.
	112 p.
	ISBN: 978-85-8174-355-4
	1. Gravidez. 2. Gestação. 3. Maternidade. I. Título
17/15	CDU 612.63.02

Catalogação elaborada por
Maria Nair Sodré Monteiro da Cruz CRB-10/904

Grafia atualizada segundo o Acordo Ortográfico da Língua Portuguesa de 1990, que entrou em vigor no Brasil em 2009.

IMPRESSO NO BRASIL

[2017]
Todos os direitos desta edição reservados à
EDITORA BELAS LETRAS LTDA.
Rua Coronel Camisão, 167
Cep: 95020-420 – Caxias do Sul – RS
Fone: (54) 3025.3888 – www.belasletras.com.br

Para Samuca, o coração que bate fora do meu peito.

Para o Sérgio F.C, meu amor, que topou ser meu parceiro nessa jornada linda e louca de colocar uma criança no mundo. (Vamos encomendar mais uma?)

E para Raphael e Lucca, meus enteados, que me ensinam todos os dias que família é quem a gente escolhe - que coisa boa que a gente se escolheu desde o começo!

8
Capítulo 0
#EUESTOUGRÁVIDA

21
Capítulo 1
VOCÊ ESTÁ FELIZ?

26
Capítulo 2
A TEMPORADA DE PALPITES ESTÁ ABERTA!

33
Capítulo 3
O FLA-FLU DO PARTO

41
Capítulo 4
O DIA EM QUE A TERRA PAROU

47
Capítulo 5
POR QUE EU NÃO VOU TE VISITAR NA MATERNIDADE

53
Capítulo 6
QUEM ENSINA AS MÃES A AMAMENTAR? NINGUÉM.

67
Capítulo 7
O PÓS-PARTO É COMO UM SHOW DE HEAVY METAL

77
Capítulo 8
SEU FILHO: MODO DE USAR

83
Capítulo 9
ERA UMA ÓTIMA MÃE, ATÉ QUE MEU FILHO NASCEU

89
Capítulo 10
TRABALHAR COMO SE NÃO TIVESSE FILHOS, SER MÃE COMO SE NÃO TRABALHASSE FORA

97
Capítulo 11
ESTAMOS HÁ 365 DIAS SEM ACIDENTES

103
Capítulo 12
MAS CADÊ O PAI DESSA CRIANÇA?

Capítulo 0

Eu... grávida?

Eu! Grávida!
Hoje é o primeiro dia da segunda parte da sua vida. Você descobriu que está grávida!

Naquele momento em que os dois risquinhos do exame de gravidez de farmácia apareceram, depois de alguns looooongos minutos *(tem certeza que um minuto tem só sessenta segundos, gente?)*, seu filho era um amontoado de células *(lindas, claro, mas células)* multiplicando-se loucamente para se transformar em um embrião que, nesse momento inicial, é ainda menor que um grão de arroz. Você saiu gritando e, claro, logo o marido, *(os vizinhos)* e as pessoas da família ficaram sabendo que um bebê estava a caminho. Ou foi mais controlada e achou melhor não contar sobre a gestação para ninguém, fez uma daquelas respirações de yoga e passou um esparadrapo na boca que só foi retirado quando a barriga apareceu, anunciando a boa-nova.

A notícia de gravidez é algo avassalador. Junto com a felicidade e, muitas vezes, o susto, misturam-se outros sentimentos: o de incredulidade é o mais forte deles. Aquela sensação de *eu-era-filha-até-ontem-e-agora-vou-ser-mãe-como-isso-é-possível* é muito comum. Depois a voz da sua mãe na adolescência dizendo "quando você tiver seus filhos, vai me entender!" começa a ecoar loucamente na sua cabeça. Verdade, menina. A hora de entender a mãe da gente chegou. E antes que pareça que gravidez é carma, relax, não é nada disso. É só a vida mostrando lindamente que a fila anda, que os amores se multiplicam e se renovam. Se você teve a felicidade de conhecer o amor de filha, agora vai saber que existe algo ainda mais forte e transformador: o amor de mãe. Mas, se por algum motivo ou outro não conheceu o amor de mãe, o momento é de encarar essa ausência para se reinventar nesse papel que você não sabe direito como pode ser exercido, mas tem certeza que, uma vez nele, quer muito acertar.

A cabeça está fervendo e com o corpo não é diferente. A primeira coisa a fazer é começar o pré-natal, aquela série de consultas e exames imprescindíveis para uma gravidez saudável. Lembro que minha amiga Carlinha voltou confusa da primeira consulta com o obstetra:

"Ele me falou que estou grávida de seis semanas, impossível, eu estava menstruada nessa época, como posso estar grávida de tanto tempo, já?", perguntou.

Senta que lá vem história – a primeira de várias que preciso te contar, aliás. A gravidez começa a ser contada a partir do primeiro dia da sua última menstruação. Eu, você, a medicina e o senso comum sabemos que é impossível engravidar enquanto se está menstruada, já que só ovulamos no 14º dia depois do início do fluxo, aproximadamente. Então como o primeiro dia da minha última menstruação vai ser o primeiro dia da minha gravidez, gente?

Como não dá para ter certeza do dia exato em que o óvulo e o espermatozoide se encontraram (*será que foi durante aquela viagem romântica? Ou na noite em que saímos para jantar?*), a gestação se inicia naquela data que sempre anotamos na agenda (*cof, cof, nem sempre, né, mas a gente chuta uma data aproximada com a cara mais lavada do mundo, "Foi dia 23, doutor!").* Se tiver um ciclo irregular e não lembrar de jeito nenhum quando menstruou pela última vez, um ultrassom poderá estimar, pelo tamanho do embrião, de quantas semanas você está grávida.

Como fiz fertilização in vitro, lembro exatamente qual foi o dia em que engravidei: naquele 25 de junho de 2009. Horas antes de ir à clínica onde há meses fazia tratamento, liguei a televisão e todos os canais noticiavam a morte de Michael Jackson. O mundo abalado, mas eu, em êxtase. A medicina tinha conseguido fazer algo que meu corpo não deixava: dias antes havia juntado, em laboratório, meus óvulos aos espermatozoides do meu marido e eu estava de saída para a clínica, onde o médico ia colocar três embriões em meu útero – *sorry, Michael.*

Até esse dia 25 de junho eu tinha enfrentado uma maratona: dois anos de tentativas infrutíferas para engravidar, a busca por um bom médico especialista em reprodução assistida, a realização de uma série de exames que comprovaram que eu **nunca conseguiria engravidar naturalmente** *(tem noção do que é ouvir essa frase?)*, a tristeza, as lágrimas e as noites maldormidas depois do diagnóstico de infertilidade, a aplicação de injeções e mais injeções de hormônios que me deixaram inchada e mal-humorada, a frustração pela primeira tentativa que não deu certo, os meses seguintes juntando os caquinhos emocionais *(e as economias no banco)* para fazer tudo de novo, os remédios e mais remédios para preparar meu corpo para a segunda tentativa... Até que o dia dela havia finalmente chegado. Coloquei três embriões lindos na minha barriga e, 12 dias depois, fiz o exame de sangue e descobri que estava grávida. Menos de duas semanas depois de colocar os embriões na minha barriga, eu já estava grávida de um mês. Sacou que coisa louca?

Rita Lisauskas

A gravidez não dura 9 meses e sim 40 semanas.

Parece a mesma coisa. E é.

Mas essa batalha entre meses versus semanas vai dar um nó na sua cabeça. A família vai perguntar de "quantos meses você está?". Já o laboratório, o obstetra e o radiologista vão tratar sua gestação e o desenvolvimento do bebê usando semanas como medida de tempo. E de repente você se pega fazendo contas, 17 semanas divididas por quatro: "Estou de quatro meses e uma semana, gente!".

No meio dessa matemática toda, o médico, a enfermeira ou a obstetriz que vai te acompanhar durante a gestação dirá qual a data prevista para o parto, a DPP (em todos os seus ultrassons essa data aparecerá anotada em algum lugar). É bom que você saiba que esse dia é apenas uma estimativa, é a data em que sua gestação completa 40 semanas. Mas é normal que bebês nasçam na 37ª, 38ª e 39ª semana de gestação sem serem considerados prematuros. Eles podem nascer depois também, até a 42ª semana de gestação. As chances de que seu filho chegue ao mundo na tal data prevista são de apenas 4%, segundo dados da Perinatal Institute, uma ONG Britânica que comparou as datas previstas para o parto com os dias em que os bebês realmente nasceram.

Ouça um bom conselho, que eu lhe dou de graça: anote essa data na agenda, claro, mas não a divulgue por aí nem sob tortura. Se contar para a galera da família e da firma que seu bebê vai nascer "no dia 26 de novembro" ninguém do seu círculo mais próximo vai dormir desde o dia 20, seu WhatsApp e Facebook vão ferver de mensagens do tipo: "E esse bebê, ainda não nasceu?". Sua tia do interior, ainda analógica, vai usar o bom e velho telefone para ligações diárias nas últimas semanas de gestação: "Esse bebê não está passando da hora, não, filha?"

Lidar com as dores nas costas típicas das últimas semanas de gestação, os pés inchados típicos das últimas semanas de gestação AND a expectativa alheia típica das últimas semanas de gestação pode tornar a reta final ainda mais estressante do que realmente é. Como diria a Bela Gil, você pode trocar o "vai nascer no dia 26 de novembro" por um "vai nascer na primeira quinzena de dezembro" que é mais saudável, continua sendo verdade e vai resguardar sua sanidade mental. Vai por mim.

Assim que descobri que estava grávida, começaram os enjoos matinais. E eram terríveis. Eu sentia cheiro onde não havia odor algum. *Ai que cheiro de cortina!* – reclamava. Meu olfato implicou muito com o "blackout" que ficava na sala de casa e protegia o ambiente da entrada da luz da manhã. Era um cheiro de plástico irritante, que me fazia enjoar e vomitar. Eu sentia vontade de jogar móveis, roupas e pessoas fora, mas não podia, *vai passar, Rita, vai passar.*

Sabe aquele cheiro delicioso de tempero sendo frito para fazer o arroz? Vômitos.

Feijão preto com paio e linguiça? Mais vômitos.

Big Mac, pizza, batata frita, bacalhau, bife à milanesa? Vômitos, vômitos, vômitos, vômitos e vômitos.

Eu chupava limão. Comia bolacha água e sal. E respirava fundo – com a mão no nariz, para não identificar nenhum odor novo. O jeito era esperar pelos três meses iniciais, que os médicos dizem ser os mais críticos, quando o corpo sofre uma verdadeira enxurrada de hormônios. Um belo dia acordei e todo aquele desconforto tinha sumido. Como num passe de mágica. Mágica que demorou três meses para ser efetivada, verdade seja dita.

Mas tem grávida que não sente nada, é como se coisa alguma estivesse acontecendo dentro dela, "será que eu estou grávida mesmo?" – perguntou minha colega de trabalho, a Lina, que **nem** era mãe de primeira viagem. Como a gestação da filha mais velha tinha sido mais cheia de sintomas, ela chegou a ficar em dúvida se aquele exame de sangue e depois o ultrassom estavam certos, já que a vida continuava estranhamente igual. Nem enjoos, nem aumento do apetite, nem barriga, nada. Nenhum daqueles sintomas ou sinais tinha dado as caras. E é claro que os exames estavam certos, óbvio. Tão certos que ela deve estar lendo este livro hoje, em casa, com o filho caçulinha nos braços.

Já o sono nos primeiros meses, ah, esse pode ser incontrolável. Você mal consegue abrir o olho quando o despertador toca, parece que a cama tem ímã. O corpo é sábio: e se ele enche a gente de sono no início da gestação é porque quer que fiquemos mais quietinhas, o que nem sempre é possível, porque os prazos continuam vencendo, as pias de louça enchendo, as contas chegando.

A natureza quer nos manter de repouso nas primeiras semanas em uma tentativa ancestral de nos resguardar enquanto uma revolução acontece dentro da gente. Mas o resto do mundo está acordado e, pior: nos manda e-mails, pede relatórios, encolhe prazos, então ignoramos esse apelo físico e nos arrastamos para o trabalho e, de repente, nos vemos bocejando na frente do cliente ou estamos sentadas na privada, dando um minicochilo durante o xixi. – Falando em xixi, aliás, quantos xixis uma grávida é capaz de fazer por dia? Deveria ter feito essa conta, são dezenas de idas ao banheiro por dia, porque há um aumento de líquido circulando pelo corpo e o útero segue crescendo, comprimindo a bexiga, *coooorre para o banheiro para não fazer xixi na calça!*

Eu simplesmente não conseguia levantar *(da cama, não da privada)*, o sono era muito mais forte e determinado do que eu. Por isso perdi provas e até o semestre no curso de francês que cursava todas as manhãs, bem cedinho. A cama sussurrava "Je t´aime" no meu ouvido e eu simplesmente me entregava àquela leseira gravídica e abraçava meu travesseiro. Queria mais que o mundo terminasse em barranco, para que eu pudesse dormir encostada (e enrolada no meu edredom, óbvio).

A gestação é um período de muitas emoções. E elas transbordam da gente de um jeito difícil de disfarçar e nos momentos mais inesperados. Com a gravidez, a sua produção de lágrimas atinge níveis recordes para equilibrar oferta e demanda – que tem estado alta, já que você chora em momentos improváveis, como na abertura do Jornal Nacional e no reality show das irmãs Kardashian. Tenho uma amiga que não se conteve quando viu que o marco civil da internet tinha sido aprovado, *"meu filho (ic!) vai nascer (ic!) em um (ic!) país (ic!) livre!"*, celebrou, entre soluços. Outra, que nem ligava tanto para futebol, quase morreu de chorar quando viu o Palmeiras sendo campeão brasileiro – lembrou imediatamente do "nono" italiano que dava a vida pelo Palestra Itália. Conselho? Evitem, se possível, programas fortes como aqueles que mostram como é a vida em cativeiro dos bichos-preguiça bebês que foram abandonados pelas mães, *"quem rejeita (ic!) um bichinho (ic!) fofo (ic!) desses?"*, perguntei ao marido, em um pranto sentido e descontrolado, daqueles em que o ar falta e a gente faz aquele barulho constrangedor de porco pelo nariz.

PRÉ-NATAL

Pré-Natal

Segundo o ginecologista e obstetra Bráulio Zorzella, as maiores preocupações durante a gestação são com a hipertensão e a diabetes gestacional. Zorzella afirma que os exames mais importantes são os feitos a partir da 28ª semana de gestação, mas é claro que você pode e deve começar o pré-natal antes, assim que descobrir a gravidez.

Se não estava planejando a gestação e, por isso, não tomou ácido fólico, o ideal é começar a tomar essa vitamina assim que descobrir que está esperando um bebê e prosseguir com os comprimidos até a 12ª semana de gestação. O ácido fólico ajuda a prevenir doenças do tubo neural do bebê e do cérebro, como a espinha bífida e a anencefalia.

No início da gravidez são pedidos exames de sangue de rotina e o médico mede a pressão arterial da gestante e outros sinais vitais em todas as consultas. O obstetra também pesa a grávida, mede sua barriga com uma fita métrica, para checar a altura uterina, examina suas mamas e ausculta o coração do bebê com ajuda de um aparelhinho especial.

Zorzella afirma que não há necessidade de tantos ultrassons durante a gestação, principalmente se a gravidez estiver evoluindo bem. Geralmente os obstetras pedem exames de imagem na 12ª semana e 22ª semana de gravidez para checar como está a formação do bebê.

Na 28ª semana os exames de sangue são repetidos e a grávida faz a curva glicêmica, exame que investiga diabetes gestacional. Algumas gestantes fazem ultrassons ainda na 28ª, 32ª, 36ª e 40ª semana, mas eles não são necessários se ao examinar a paciente o médico tiver a certeza de que está tudo evoluindo bem com a mãe e o bebê. O Ministério da Saúde considera seis consultas o número mínimo para um pré-natal seguro, mas você pode ir ao médico mais vezes, claro.

Sintomas de gravidez

Segundo o ginecologista e obstetra Bráulio Zorzella, os sintomas mais comuns de gravidez são:

Atraso menstrual.

Mamas doloridas e inchadas.

Enjoo, tontura e cefaleia.

Mudança na coloração da pele e o aparecimento da linha nigra, espécie de listra vertical de até um centímetro de largura que divide a barriga ao meio, atravessando o umbigo.

Escurecimento da aréola e dos mamilos.

As mulheres não costumam ter "desejos" durante a gravidez mas, às vezes, sentem vontade de comer coisas que não são comestíveis, como terra, pasta de dente, sabonete, telhas ou até de lamber objetos de ferro. Segundo o médico, isso pode ser sinal de que o corpo tenta compensar a falta de algumas substâncias como o ferro, no caso das mulheres que têm anemia durante a gestação.

Os homens também podem sentir sintomas da gravidez e essas manifestações físicas e comportamentais sentidas pelos futuros pais têm nome e sobrenome: Síndrome de Couvade.

grávida pode X grávida não pode

Grávida pode?

Pode comer sushi?

Segundo o obstetra Bráulio Zorzella as grávidas podem comer sushi desde que já sejam imunizadas contra a toxoplasmose, doença grave que pode ser adquirida por meio da ingestão de alimentos contaminados, especialmente carne crua ou malpassada e vegetais. O resultado de um exame de sangue, durante o pré-natal, pode liberar você (ou não) para comer sushi durante a gestação.

Pode fazer exercício físico?

Zorzella afirma que apenas lutas e exercícios com bola são contraindicados para as gestantes, porque há risco de impacto abdominal. Tirando essas duas modalidades, todos os outros exercícios são liberados, inclusive no primeiro trimestre da gestação.

Pode fazer sexo?

Sim. A gravidez inteira. Apenas algumas intercorrências pontuais durante a gestação podem impedir o casal de fazer sexo, como quando há risco de parto prematuro, por exemplo. O sexo só pode trazer coisas boas para o casal e não existe o risco de "machucar o bebê", como muitos casais acreditam.

Pode pintar o cabelo?

Pode sim, desde que a tinta ou o tratamento capilar não tenham amônia, benzeno ou formol.

Ninguém te faz essa pergunta porque, óbvio, é claro que você está feliz, você está grávida! Iupiiiii. E a gravidez é sinônimo de alegria e bem-aventurança instantâneas, está escrito na página zero do manual das mães das novelas, filmes e contos de fada. Lá está escrito também que engravidar é algo espetacular e você deve reluzir, cintilar, sentir-se plena e absoluta desde o momento em que descobrir que vai colocar uma criança nesse mundo.

Você pode, realmente, sentir-se linda e mais poderosa do que nunca com o passar dos meses, já que o cabelo fica ótimo, a pele idem e a barriga de grávida é algo que, ao ser desfilado por aí, arranca sorrisos dos rostos mais carrancudos e renova a fé na vida de algumas almas desenganadas.

Mas pode não ser bem assim.

Isso mesmo.

(Pausa dramática)

Pode ser que você não esteja tão feliz quanto acreditou que ficaria ou que o mundo diz que você tem que estar.

(Suspiros)

Aqui estamos entre amigas, então, vamos falar a verdade.

Pode ser que você não se sinta tão alegre, especial, a escolhida, a Virgem Maria quando descobriu que seria mãe de Jesus. Às vezes, a gravidez não chega com trilha sonora e sim com um rosário de preocupações com o futuro da sua carreira e/ou do seu relacionamento, com as formas do seu corpo, o preço da escola particular, os poucos meses de licença-maternidade e o mundo violento que essa criança vai herdar. E não há nada de errado em se sentir assim, já vou deixar isso claro, a gente simplesmente experimenta diversos sentimentos durante essa fase e a felicidade pode ser apenas um deles. Ou, pasme, nem estar entre eles.

Será que vou conseguir voltar ao trabalho depois que meu filho nascer?

Será que o dinheiro vai dar para pagar uma creche legal?

Será que meu relacionamento resiste a um filho?

Será que vou conseguir voltar à antiga forma?

Será que meu filho vai nascer saudável?

Será que vou conseguir amá-lo?

Epa.

Será que vou conseguir amá-lo?

No mesmo instante que o cérebro te impõe essa pergunta incômoda dá vontade de ligar uma música bem alta e começar a cantar um *lá-lá-lá-lá-lá* para não ouvir seus pensamentos, que parecem ter vida própria. Que tipo de mãe tem dúvidas se ama o bebê que **já está** em seu ventre?

Posso responder essa enquanto você vem cá e me dá um abraço?

– *A grávida do tipo normal, amiga.*

É difícil amar imediatamente alguém que a gente nem conhece, nunca viu na vida, lembre-se disso se, por acaso, em algum momento, encontrar-se ali se culpando por não conseguir mergulhar profundamente nesse sentimento que todos conseguem nomear e entender, menos você.

Muitos afetos começam no olhar. No toque. No cheiro. Você ainda não sabe se seu filho se parece com você, com o pai ou com os avós. Na verdade, filho ou filha? Nem sempre dá para saber o sexo do bebê no comecinho da gestação. Os sintomas de gravidez podem ter dado as caras para todas as suas amigas, menos para você, e a barriga, aquela que deixaria essa abstração toda um pouco mais real, recusou-se a aparecer nos primeiros meses, dando lugar a uma falta de cintura que mais parece uma comilança de fim de semana ou uma "pança" de chope.

Não, você não é uma pessoa horrível, apenas não conseguiu se conectar e nem ter ideia dessa tal grandiosidade toda. Você só precisa de tempo e paciência porque, daqui a pouco, a vida vai te mostrar que sim, você está grávida. Sim, há alguém dentro de você. Sim, é o seu filho. Talvez você só acredite em tudo isso que está acontecendo quando ele estiver em seus braços, no melhor estilo São Tomé: ver para crer.

Eu lembro que na última semana da minha gravidez essa sensação *não sei quem é essa pessoa que está dentro da minha barriga* ainda me assombrava e me enchia de culpa. Depois de tudo o que tinha passado até engravidar, como meu coração permitia que uma dúvida desse tamanho entrasse, puxasse uma cadeira, pedisse um café, colocasse o pé na mesa e morasse dentro dele? O último ultrassom feito semanas antes do parto mostrava que meu filho era a cara do avô, tinha o nariz do pai e era cabeludo como eu. Ele já tinha nome desde o terceiro mês, Samuel, e até um apelido, Samuca. Eu sentia que a gente poderia ser importante um para o outro, mas... era só. Na verdade, aquele menino tão desejado até então era um completo desconhecido para mim. E eu não consigo, *desculpa, desculpa, desculpa*, eu não consigo amar quem eu não conheço, não sou daquelas que se apaixonam por alguém que nunca viu na vida. Pronto, falei.

"Não sei se vou amar o bebê", confessei para o meu marido, aos prantos. Ele, já pai de dois e naquele momento mais sabido do que eu quando o assunto era essa misteriosa formação dos laços entre pais e filhos, tentou me acalmar dizendo que o amor era assim mesmo, um sentimento que se constrói no dia a dia, tijolo por tijolo, e essa obra, como qualquer outra que a gente vê ser construída por aí, demanda tempo, *mas quanto tempo?* Não sei, Rita, cada um tem o seu.

Quando a gravidez chega sem ser planejada, os sentimentos podem ficar ainda mais misturados. Você procura o amor, mas só encontra a dúvida, e ela nunca anda só, essa danada, para onde vai arrasta a melhor amiga, a culpa. Se eu não fosse tão experiente nesses assuntos maternos ia dizer para você dar um chutão na culpa, mandá-la para longe. Mas a culpa é a companheira mais fiel da maternidade, viu? Alguns pais, amigos e familiares podem sumir durante a gravidez e os primeiros tempos do bebê, mas a culpa não, ela está sempre na área, pode reparar, dizendo que você sente errado, faz errado, *que droga de mãe você é.*

Quando o Samuel nasceu – e não chorou – eu fiquei desesperada por alguns segundos. Acho que foi esse medo, o de perdê-lo, que me apresentou ao tal amor de mãe. Ele nasceu ótimo e só não soltou com força o ar de seus pulmões porque estava curioso demais observando tudo ao seu redor, a mamãe, o papai, o teto, a médica. E quando veio para o meu colo, cravou aqueles dois olhos de jabuticaba em mim, como quem se apresenta, "era eu que estava na sua barriga, mamãe! Tem lugar pra mim?" – *Sim, sim, sim! Vou cuidar de você para sempre, filho!* – jurei silenciosamente, afogada nas lágrimas que escorriam e pingavam nos cabelos macios dele, enquanto mexia nas suas mãozinhas tão perfeitas, lindas e reais. Então ser mãe é isso, pensei, um amor que chega, invade todos os espaços e põe ordem na bagunça.

A temporada de palpites está aberta!

Assim que você anunciar sua gravidez para a família, os amigos e a galera da firma, prepare-se: sua gestação será tema das rodinhas do escritório, das reuniões de família, das salas de espera dos consultórios. E não existe nada que dê mais vontade de puxar assunto do que uma barriga de grávida – perdeu, previsão do tempo! Se você entrar em um elevador e as pessoas não tiverem dúvidas de que sua barriga cresceu porque um bebê lindo e fofo está a caminho, as chances de que o tema da conversa naqueles próximos trinta segundos seja você e a sua gestação são grandes.

– Está grávida? Que linda!
– É menino ou menina?
– Para quando é o bebê?
– Que notícia maravilhosa! Parabéns!

Óbvio que a maioria desses comentários vem do coração e é muito, muito bem-vinda. A chegada de um bebê é umas das poucas coisas que ainda comovem as pessoas nesses dias tão bizarros, tiram-nas do piloto automático, enchem-nas de esperança. Mas, lembre-se: não são apenas as pessoas legais que serão tocadas pela sua gestação. Os palpiteiros de plantão também saem da toca quando uma grávida entra em seu raio de visão. Respire fundo e aperte os cintos porque assim que sua barriga der o ar da graça a temporada de opiniões não solicitadas e comentários sem pé nem cabeça estará oficialmente aberta!

— Que barriga redonda! É uma menina, né?
— Não, não! É um menino, *vai se chamar Samuel*.
— Não, não. Essa barriga é de menina, eu nunca erro.

Fiz cara de alface e voltei ao livro que estava lendo, de onde não deveria ter tirado o olho, aliás. Logo a dentista me chamou, livrando-me daquela mulher da sala de espera que, em vez de ler mãos como as ciganas, lia barrigas e acreditava saber da minha gravidez mais que eu, os médicos e o ultrassom, veja só.

Se você está grávida, a barriga despontou, mas ainda não foi abordada por gente sem noção, **não** respire aliviada: sua hora de escutar bobagens vai chegar e está bem próxima, eu posso sentir a vibração. E vai ser quando você estiver bem distraída no corredor do supermercado, na fila do caixa eletrônico, no restaurante ou, pasme, em uma festa da família onde acreditava estar segura e livre de intrometidos. Ledo engano. Sempre terá um sem noção com um comentário completamente dispensável e indesejado na ponta da língua, só esperando você (e sua barriga) aparecerem no radar.

"Nossa, como você está gorda! Tem certeza que só está grávida de um?" (Comentário clássico feito na maioria das vezes pelos tios do "é pavê ou pacumê?"). Nove em cada dez grávidas ouvem essa observação tosca e, se não acharem graça, a culpa nunca é da qualidade discutível da piada e sim de seus hormônios à flor da pele, "cadê o seu senso de humor?" — pergunta o tio inconveniente, fazendo beicinho, magoado porque tomou uma "voadora" da sobrinha grávida.

mãe sem manual

Engordou quase nada na gravidez e acha que por isso está livre dos comentários? Nã-nã-ni-nã-não. Grávida nenhuma está em segurança.

"Que barriga pequena! Magra desse jeito você não vai parir um bebê, mas sim um ratinho!", ouviu uma amiga durante um daqueles exames que os obstetras pedem nas últimas semanas de gestação. A comentarista de gravidez alheia era a mãe de outra gestante que fazia o mesmo exame no leito ao lado. A palpiteira, que pena, não estava na área quando o "ratinho" nasceu uma semana depois com três quilos e quatrocentos gramas, o peso de um bebê normal.

Constranger a grávida e seu marido ao lembrar em alto e bom som que o casal, pasme, faz sexo *(aliás, não é graças ao sexo que os casais engravidam?)* também é um clássico e está no top 10 dos comentários sem noção.

"Grávida de novo? A televisão de vocês está quebrada?"

"Mais um filho? Vocês estão sem energia elétrica em casa?"

Eu tentei, juro que tentei, mas não consegui encontrar uma explicação lógica além de falta de semancol pura e simples para outros comentários feitos a algumas amigas:

"Tão novinha e já grávida?", escutou uma amiga, **de 28 anos.** (!!!!!)

"Você sabe quem é o pai do seu filho?". *(Como assim, gente? Quem pergunta está se candidatando a assumir a criança, é isso?)*

"Tomara que essa gravidez agora vá pra frente!", observação feita a uma colega de trabalho, grávida meses depois de ter perdido um bebê. *(Se alguém encontrar a sensibilidade dessa pessoa perdida por aí, favor avisar onde que a gente manda buscar com urgência.)*

"Já está grávida de quatro meses? Mas você sabe que é possível perder o bebê até o sexto mês, né?" *(Mais uma da série "cadê a noção, meu povo?").*

"Sua bebê está se mexendo? Ela está viva?" (Comentário feito pela **mãe** de uma conhecida, ou seja, a avó materna do bebê, provando que a falta de modos e papas na língua durante a gestação pode ser um problema mais grave que o vírus zika.)

"Você vai ligar as trompas depois que esse nascer, né, três filhos é demais!" *(Baseada em quê, além das próprias convicções, que uma pessoa aleatória faz um comentário desse a uma mulher grávida do terceiro filho? E se o sonho dela for ser mãe de quatro, de cinco, de seis filhos? Quem vai pagar os boletos da escola, hein?)*

"Já decidiu o nome?"

"Se for menina, Clara. Se for menino, Daniel."

"Credo! Acho Daniel um nome horrível."

"Perdeu um dos bebês? Melhor assim, você não ia dar conta de gêmeos!"

"Está grávida? Agora você sabe que então vai ter que doar seu cachorro, né?"

"Quer parto normal? Pelo amor de Deus, já temos eletricidade e você quer voltar ao tempo da lamparina?"

Alguns desses comentários, embora completamente inoportunos e inconvenientes, afetam muito pouco sua vida — na maioria deles um simples ahãm + uma cara de alface encerram o assunto. Mas existem algumas observações feitas às grávidas que são tóxicas, danosas mesmo, porque podem atingir em cheio a confiança delas em sua capacidade de gestar, parir, amamentar e cuidar dos filhos. E talvez não haja ahãm suficiente em estoque para lidar com comentários como esses:

"Você não vai conseguir amamentar! Olha o tamanho do seu peito!", decretou a moça, que trabalhava no caixa do restaurante onde uma amiga almoçava com o marido. "Pode começar a fazer es-

mãe sem manual

toque de leite de latinha que eu já te adianto: você não vai conseguir amamentar!"

"Nossa, você é nova demais, não tem maturidade para ser mãe. Esse bebê vai acabar sendo criado pela avó, coitado dele!"

"Grávida nessa altura da vida? Você está velha, já! Vai se arrepender ao largar as mordomias da sua vida de executiva!"

Ninguém poderia definir melhor a palavra "palpite" do que o Aurélio – ele mesmo, aquele Buarque de Hollanda do dicionário. Segundo ele, palpite é a "opinião de quem se intromete, ou não entende do assunto". A minha amiga "sem peito" amamentou três filhos muito bem, obrigada por perguntar, mas confessa que quando a moça do restaurante disse que ela não ia dar conta, "que não adiantava nem tentar", ficou balançada. A moça "novinha demais" me contou que tem muita vontade de acertar com o bebê que ainda está gestando, mas de tanto ouvir que "não é capaz" já pensa em desistir e realmente delegar os cuidados com a bebê para a mãe, "mais experiente". Já a mulher com mais de 40, grávida depois de quase duas décadas dedicadas exclusivamente à carreira, não dá bola nenhuma para a torcida, "quem sabe de mim sou eu", disse, enquanto levantava o dedo médio para deixar bem claro seu desprezo pelos comentaristas seriais da vida alheia.

Maturidade, sua linda.

Capítulo 3

O Fla-Flu do parto

Batizei esse capítulo de Fla-Flu. Mas poderia ser Grenal, Ba-Vi, Atlético x Cruzeiro, Corinthians x Palmeiras ou boi Caprichoso x boi Garantido. Quando você (com sua barriga de grávida) entrar em campo vai perceber que, na arquibancada, há os que torcem fervorosamente para que você tenha um parto normal enquanto, do outro lado da arena, a torcida da cesárea também está lá, pompom na mão, entoando gritos de guerra. E antes mesmo que a ficha sobre sua gravidez tenha caído, as perguntas sobre seu parto vão começar. E elas nunca vêm só: quem questiona também dá vários argumentos que visam influenciar ou constranger a sua resposta.

"Você não vai querer parto normal, né? Vai sofrer para quê?"
Ou então:
"O parto normal vai acabar com a sua vida sexual! Você vai ficar 'larga' e seu marido não vai te querer mais!"
As mães que optam por uma cesárea também não escapam do blá-blá-blá.
"Vai fazer cesárea? Quer colocar um filho no mundo sem estragar a escova e a chapinha, né?"
E de repente você, que ainda nem teve tempo de pensar direito sobre o assunto, vê-se no meio desse fogo cruzado, sem ter a quem recorrer a não ser à já famosa cara de alface que te apresentei nas páginas anteriores – use-a sem moderação, fique à vontade.
Essa "disputa" é algo bem nacional, **made in Brasil**, é bom esclarecer. Em países da Europa e nos Estados Unidos, a mulher não tem escolha, não pode chegar ao obstetra ou à parteira e dizer "olha, eu tenho medo do parto normal e quero fazer uma cesariana, vamos marcar a data?". O parto normal é **o normal**, o protocolo, e só se

houver uma complicação a cesariana entra em campo para **salvar a vida** do bebê e da mãe. É de parto normal que os príncipes e princesas nascem, como a linda Charlotte e o George, filhos do Príncipe William, da Inglaterra, e da Duquesa Kate Middleton. No Brasil, é o contrário: se você disser desde o começo da gravidez para seu médico que quer uma cesariana vai consegui-la, pode ter certeza, porque a cirurgia é rápida e encaixa-se perfeitamente na agenda de qualquer médico que ganha pouquíssimo do plano de saúde para passar um dia inteiro acompanhando um parto normal.

A OMS, Organização Mundial da Saúde, entra em desespero com o Brasil: o país não ganhou a Copa do Mundo em sua própria casa, mas é dono de um outro título, muito mais polêmico: é o campeão mundial de cesarianas. Das mulheres que têm acesso a hospitais particulares, 84,6% dão à luz seus filhos através de uma cesárea, segundo os dados mais recentes do Ministério da Saúde. Nos hospitais públicos, 40%. A OMS (e não eu) avisa que taxas de partos cirúrgicos maiores que 10% não estão associadas com redução de mortalidade materna e neonatal e que partos cesáreos podem causar complicações significativas e às vezes permanentes, como sequelas e morte da mãe e do bebê, que tem até 120 vezes mais chances de ter complicações respiratórias ao nascer*. E é por isso — só por isso — que alguns bebês passam uma temporada na UTI, muitas vezes com dificuldade para respirar.

Quando eu fiquei grávida nenhuma das minhas primas tinha tido filho, nem minha irmã e muito menos minhas amigas. O que eu sabia sobre parto era o que tinha visto nos primeiros e nos últimos capítulos das novelas: assim que a bolsa estourava as mocinhas começavam a gritar sem parar — *esse tal parto normal deve ser um horror,* pensava.

*Declaração da OMS sobre taxas de cesáreas. Genebra, 10 de abril de 2015.

Até que uma colega de trabalho sentou ao meu lado um dia, comentou que os seus dois filhos tinham nascido naturalmente, sem intervenções, e que tinha sido tudo ótimo. Doía sim, claro que doía, mas havia várias formas de fazer com que essa dor fosse suportável e o incômodo acabou assim que seus filhos chegaram ao mundo. E ela se sentiu tão bem que horas depois levantou e foi tomar banho, vida que segue, no dia seguinte estava de pé e disposta para lidar com todas as demandas de um recém-nascido, que são muitas *(nos próximos capítulos eu vou te contar)*. Também me contou que a vida sexual com o marido ia muito bem, obrigada, nunca esteve melhor, aquele papo de que o parto destruía a vida sexual do casal era balela.

E foi assim que eu decidi que queria um parto normal: contei a minha escolha para a médica, que respeitou minha vontade. Quando chegou o dia do Samuca nascer, uma terça-feira, ela desmarcou o consultório e passou a tarde inteira comigo, até que eu desse à luz no início da noite.

Mas tive sorte, confesso. E quem diz isso não sou só eu, mas também a pesquisa "Nascer no Brasil", feita pela Fiocruz, USP e UFRJ e publicada em 2014. Os pesquisadores acompanharam quase 25 mil gestantes e descobriram que sete em cada dez mulheres começaram a gravidez querendo um parto normal, mas apenas duas das que foram para o hospital particular dar à luz seus filhos conseguiram. No dia em que meu filho nasceu eu fui uma dessas poucas mulheres que tiveram seu desejo inicial respeitado dentro de uma instituição particular.

Mas o que acontece no meio do caminho? Por que as mulheres querem uma coisa e levam outra? *Não dá para reclamar para o Procon, gente?*

Quando uma mulher começa a perguntar muito sobre parto, "eu vou poder ter parto normal né, doutor?", muitas vezes é presenteada com esse conselho, pode reparar: "Cuide do enxoval, que do parto cuido eu!". Ou, então, ouve um "sim, claro, mas só se estiver tudo bem com você e com o bebê!" Só que lá pelas tantas, no finzinho da gestação, um "fato novo" surge, o médico acha melhor "não arriscar" e agenda uma cesárea. Nenhuma mulher quer "arriscar", claro, que mãe em sã consciência quer "colocar a vida do filho em risco"? Familiares e amigos também colaboram para que a mulher desista do seu plano inicial: como há hospitais que fazem partos normais horrorosos, cheios de dor, violência e solidão, algumas mulheres que convivem com a gente têm lembranças ruins do dia do nascimento dos seus filhos e, por isso, nos contam com tanta propriedade sobre "os horrores do parto normal".

Quem quer, em sã consciência, ficar horas sentindo contrações fortes, sem o apoio de um acompanhante, mesmo tendo o direito a alguém ao seu lado por lei, sem acesso a formas de alívio da dor e ainda, de quebra, ouvir um degradante "Pare de gritar! Na hora de fazer esse filho você não gritou, né?"

Por isso, escolher entre o parto normal e a cesárea não é tão simples como os membros das duas torcidas podem inicialmente imaginar. O Brasil não é um país para amadores. E disso a gente sabe bem.

"Não sou menos mãe porque fiz uma cesárea, viu?"

Essa frase sempre surge no meio de discussões, principalmente as virtuais, quando o assunto é parto. Na maioria das vezes ninguém disse isso, mas como os ânimos quase sempre estão acirrados (como em todo "Fla-Flu"), as "mães de cesárea" vão logo para a defensiva, achando que as "mães de parto normal" se sentem superiores porque

mãe sem manual

pariram naturalmente. Claro que ninguém é "menos mãe" ou "mais mãe" porque teve um parto ou outro, isso é bobagem. A maternidade é feita de tantas nuances e o parto é apenas o ponto zero de uma vida inteira que você e seu filho ainda vão viver – o que não significa, contudo, que a maneira com que seu filho chegará ao mundo e aos seus braços seja pouca coisa ou algo menos importante.

Muitas mães que desejam parir naturalmente precisam lutar muito para que seus direitos sejam respeitados – trocando de obstetra algumas vezes, juntando dinheiro para pagar por uma equipe médica particular, arrumando encrenca aqui e ali – e, por isso, sentem-se muito poderosas, claro, quando conseguem derrubar todas as dúvidas e barreiras que foram colocadas em seu caminho. A sensação de vitória ao conquistar algo que o mundo inteiro dizia que não ia dar certo, "melhor nem tentar", é universal. Todas já nos sentimos desafiadas ou menosprezadas em algum momento da vida. Por isso, a vitória dessa mulher que conseguiu o parto normal que tanto desejou, em casa, na banheira, de cócoras ou no hospital, não é a derrota das mulheres que pariram por uma cesárea. A conquista dela é uma vitória pessoal e, por isso, tão linda e comemorada.

Mas o mal-estar muitas vezes está no ar. Todas as vezes que estou em uma rodinha de mães esse assunto surge, uma hora ou outra. E sempre que me perguntam qual foi meu tipo de parto, respondo que meu filho nasceu de parto normal. Ponto final. Mas a maioria das "mães de cesárea" não se sente à vontade em dar uma resposta assim tão direta e reta, e procura justificar seu parto como se devesse uma satisfação ao mundo, pode reparar.

"Meu filho nasceu de cesárea, porque não tive dilatação."

"Fiz uma cesárea porque meu filho não encaixou."

"Não entrei em trabalho de parto e, para meu filho não passar da hora, tive de fazer uma cesárea."

As explicações são quase um "desculpaê, gente, não deu, falhei, não consegui parir". Muitas vezes essas mulheres sentem necessidade de se explicar ainda mais, contando que tentaram o parto normal por não sei quantas horas, "não teve jeito mesmo", "eu queria muito, mas meu filho já estava em sofrimento" e tals. Se a cirurgia foi realmente necessária e salvou aquela dupla mamãe-bebê, se foi feita por práticas desatualizadas ou conveniência médica, jamais saberemos. Fato é que muitas mães têm de abrir mão dos seus sonhos e planos em poucos segundos, no meio do trabalho de parto, são anestesiadas, têm várias camadas de tecido, músculos e útero cortadas em um centro cirúrgico gelado e pouco acolhedor, muitas vezes ficam sozinhas, longe do seu bebê e do seu companheiro até que os efeitos dessa anestesia passem e, nas semanas seguintes, têm de amamentar e cuidar de um recém-nascido, muitas vezes com pouca ou nenhuma ajuda, enquanto se recuperam de uma cirurgia de grande porte. Quantos likes e compartilhamentos essa história tão comum merece? Nenhum. Quantos dedos estão sendo apontados a essa mulher? Às vezes, vários.

Eu sempre sinto vontade de dar um abraço nessas mães e dizer "tudo bem amiga, você não deve satisfação a ninguém, inclusive se desde o início você escolheu uma cesariana". O primeiro e duríssimo mandamento da maternidade real é esse: "Serás sempre julgada por muitos, independentemente da escolha que fizeste". Mas não por mim. E espero que cada vez por menos mulheres como nós.

Assista, assista, assista!
"O Renascimento do Parto", de Eduardo Chauvet e Érica de Paula.

mãe sem manual

Indicações reais, imaginárias (e inimagináveis) para uma cesariana

Segundo a Febrasgo, Federação Brasileira das Associações de Ginecologia e Obstetrícia, existem apenas duas indicações absolutas para uma cesariana: a placenta prévia, que é quando a placenta "desce", impedindo a passagem do bebê para o parto normal, e quando há desproporção céfalo-pélvica, a tal "falta de passagem" que, entretanto, só consegue ser diagnosticada durante o trabalho de parto. Existem ainda outras indicações que são relativas, ou seja, dependem da avaliação do médico durante o parto normal, como sofrimento fetal quando a mulher ainda não tem dilatação completa, descolamento prematuro de placenta, placenta prévia com sangramento intenso, distocia (complicação mecânica que impede o bebê passar), herpes vaginal ativa no dia do parto ou mãe portadora de HIV não controlado.

O que não for isso é "desculpa" para uma cesariana e os motivos alegados mais absurdos para um parto cirúrgico vêm sendo compilados pela Profa. Dra. Melania Amorim, ginecologista e obstetra e autora do blog "Estuda, Melania, Estuda!" e pela obstetriz Ana Cristina Duarte, fundadora do GAMA, Grupo de Apoio à Maternidade Ativa. A lista está on-line no blog da Dra. Melania e é atualizada constantemente, com a ajuda de gestantes, claro, que são as que ouvem as mais diversas justificativas para desistirem ou serem impedidas de ter um parto normal. A lista original com os motivos mais absurdos já dados para uma cesariana contava com mais de 160 verbetes quando da publicação deste livro. Para esta edição, condensei os 51 "não-motivos" mais importantes e/ou comuns. Leia nas páginas 108 a 110.

Capítulo 4

O dia em que a Terra parou

A física ainda não conseguiu comprovar o que sentem dez em cada dez grávidas: o último mês de gestação demora uma década para passar. Você acorda (dormir como, com essa pança?), levanta para fazer xixi, tenta dormir mais uma vez, acorda mais uma vez, coloca um travesseiro para apoiar sua lombar, mais três para jogar as pernas e os pés inchados para cima, vira para um lado, para o outro, coça a barriga, reclama do calor, tenta dormir de novo, fica sem ar porque o bebê chutou suas costelas, levanta para retomar o fôlego (e para mais um xixi) e, quando olha no relógio, os ponteiros mal se mexeram. Sim, minha amiga, os dias finais de qualquer gestação se arrastam em velocidade de lesma, certeza que os cientistas ainda vão conseguir comprovar essa nossa nova Teoria da Relatividade, #FicaADica, pesquisadores.

Você já lavou as roupinhas do recém-nascido algumas vezes, arrumou as gavetas da cômoda do quarto do bebê outras tantas, organizou os sapatinhos por números, os macacões por cores e tamanhos, fez e desfez a mala da maternidade, olhou para o teto, leu alguns livros, entregou todos os projetos pendentes, ouviu a galera do escritório surtar mil vezes porque você ainda aparece por lá, sentiu a barriga ficar dura (*uma contração! Será que chegou a hora?*), parou de sentir a barriga ficar dura (*não era o trabalho de parto*) e parece que não há nada mais a fazer a não ser esperar.

Tic. Tac. Tic. Tac. Tic. Tac.

Parece o filme "O Feitiço do Tempo" – e é. Você acorda todos os dias cheia de esperança, *será que é hoje que finalmente vou conhecer meu filho?* Nada acontece e o dia seguinte amanhece exatamente igual, com o bebê tranquilão na barriga, zero interesse em estrear nesse mundão de meu Deus.

Mas fique calma. Se reparar bem, seu corpo vem mandando sinais de que está tudo no ritmo certo. Se sua gravidez fosse uma linha de montagem (e é, vamos combinar), eu diria que seu filho está no departamento de test-drive, daqui a pouco estará liberado para o grande lançamento, ops, nascimento.

Desde a 23ª semana de gestação você já sente as contrações de treinamento (também chamadas de Braxton Hicks) – a barriga fica dura porque o útero se enrijece, "ensaiando" para o parto. Até o sétimo mês essas contrações são levinhas e até indolores, mas nessa reta final ficam mais frequentes e intensas, provocando os famosos alarmes falsos. Uma grávida de primeira viagem (*que eu não conto nem sob tortura quem era*) ficava muito assustada com essas contrações e todo dia ligava para a obstetra acreditando que a hora do parto havia chegado. Não, não tinha.

Essa minha amiga (*cof, cof*) tinha lido que tomar chá de folhas de framboesa era ótimo para acelerar o processo e tals, mas não prestava atenção aos fatos que eram muito mais animadores: há dias tinha "perdido" o tampão mucoso, uma substância gelatinosa secretada pelo colo do útero que pode ser notada na calcinha ou no papel higiênico e que, quando sai, pode vir com ou sem sangue. A perda do tampão mostra que o bebê começou a "descer", ou seja, tá chegando a hora, "mas você ainda não está em trabalho de parto, Rita!", ops, minha amiga também se chamava Rita, que coincidência.

Esqueça aquela cena da atriz da novela gritando "Minha bolsa estourou! O bebê vai nascer!" porque isso não é sinal de início do trabalho de parto, não senhora. O maior sinal de que a hora do seu bebê nascer chegou são as contrações ritmadas e doloridas que se intensificam, muitas vezes, sem que a tal bolsa tenha estourado. Se as contrações começaram, vêm e vão em intervalos loooongos de tempo e a dorzinha ainda estiver leve, está longe ainda, miga. Correr agora para o hospital não vai adiantar nada e, pior, aumenta as chances de um parto cheio de intervenções. Em vez disso, tome um banho e descanse. Quando elas aparecerem em intervalos regulares, de cinco em cinco minutos, e forem doloridas, aí sim você pode pegar calmamente suas coisas e ir para o hospital, se planejou ter seu filho em um, claro. Há mulheres que escolhem casas de parto e até mesmo sua própria casa para dar à luz seus filhos e, com certeza, nesse momento já avisaram a equipe médica, que deve estar a caminho.

Diga para seu marido controlar a ansiedade na hora de pegar as chaves do carro. Geralmente, o colo de útero dilata cerca de um centímetro por hora e, para que os bebês nasçam, são necessários dez centímetros, faça as contas. Claro que existem os partos a jato e mulheres que dão à luz na rua, no carro e no banheiro de boteco (*sim, assisti a* Amor à vida, *adoro novela das 9!*) mas, se você ainda não sente uma vontade louca e incontrolável de fazer força, está fora do chamado "período expulsivo", a reta final do trabalho de parto, e dá tempo de ir tranquilamente para a maternidade, sem a necessidade de cortar carros, buzinar loucamente ou pedir a intervenção do Corpo de Bombeiros.

Nossa!

Agora eu fiquei ansiosa!

Chegou a hora de conhecer seu filho, parabéns!

Rita Lisauskas

Os direitos da gestante e da mãe

Segundo o Dr. Luís Carlos Moro, advogado trabalhista e especialista em direito do trabalho pela Faculdade de Direito do Largo do São Francisco, a licença-maternidade é um direito de todas as mulheres que trabalham e que contribuem para a Previdência Social, o INSS. Funcionárias com carteira assinada, terceirizadas ou domésticas têm direito aos quatro meses de licença. Funcionárias públicas ou de empresas que aderiram ao programa Empresa Cidadã, criado para prorrogar a licença-maternidade em troca de incentivo fiscal às empresas inscritas no programa, têm direito a seis meses de licença.

Mulheres que não têm salário, mas que pagam mensalmente o INSS por pelo menos 10 meses, têm direito ao salário-maternidade, que é calculado dependendo do valor da contribuição à Previdência.

A gestante **tem o direito** de realizar no mínimo seis consultas de pré-natal e exames complementares e receber declaração de comparecimento para que sua ausência seja abonada. Contudo, ela pode se ausentar apenas durante o período da consulta e não durante toda a jornada de trabalho.

A gestante tem estabilidade no trabalho e não pode ser demitida a partir do momento em que a gravidez for confirmada e até cinco meses após o parto. Se a gravidez ocorrer durante o aviso prévio, a justiça entende que a empregada tem de ser readmitida ou indenizada. Se estiver em período de experiência, tem direito a estabilidade. Contudo, a gestante pode ser demitida por justa causa.

A mulher tem o direito de mudar de função ou de setor de acordo com seu estado de saúde e ter assegurada a sua antiga posição após a licença-maternidade.

Mulheres que amamentam têm direito a dois períodos de repouso de meia hora para amamentar seu filho durante a jornada até que o bebê complete seis meses. Geralmente as mães "juntam" esses dois períodos e saem do trabalho uma hora mais cedo.

Mulheres que têm remuneração variável ou "por meta" não podem ter prejuízo financeiro no ano em que ficaram em licença-maternidade. Elas têm direito ao salário integral, que deve ser calculado de acordo com a média dos seis meses de trabalho anteriores ao período de licença.

Se o teto do benefício pago pelo INSS for menor do que o salário recebido da empresa antes da licença-maternidade, a empregadora tem de pagar a diferença para que a funcionária não tenha queda nos rendimentos.

É possível entrar com pedido de reconhecimento de paternidade e de pagamento de pensão alimentícia ainda durante a gestação, e para isso é preciso constituir advogado. Existem exames de DNA que podem ser feitos ainda durante a gravidez, mas dificilmente a Justiça é rápida o suficiente para garantir que a pensão seja paga antes desse bebê nascer.

Capítulo 5

Por que eu não vou te visitar na maternidade

> **Assim que chega a notícia do nascimento de uma criança começa o frisson dentro da família e na turma de amigos e conhecidos. E a pergunta mais feita no grupo de WhatsApp da família, no cafezinho do escritório, no elevador do prédio e nas rodinhas de conhecidos do casal é uma só: "E aí? Já foi visitar o bebê?".**

Até deixar de ser **a visita** e se transformar **na mãe que recebe visita** eu não tinha a mínima ideia de que receber um monte de gente horas depois de ter dado à luz uma criança podia ser uma das coisas mais sem pé nem cabeça da maternidade, como estrear um espetáculo que sequer tinha sido ensaiado, já que os atores acabaram de se conhecer, não sabem direito seus papéis e ainda não têm a menor intimidade um com o outro.

Você está descabelada, cheia de olheiras e toda dolorida. O que mais precisa nesse momento é de paz, tranquilidade e um banho. O dia raiou, seu filho dorme tranquilamente, seu marido foi ao cartório registrar o bebê, *ai que bom, vou para o chuveiro*, pensa, quando a porta do quarto abre. São colegas de trabalho que foram te visitar cheios de flores, presentes e boas intenções. Você até se emociona, *poxa, que legal eles terem vindo conhecer meu filho*, mas quando dá aquela olhadinha sem querer no espelho, no momento em que recebe aquele abraço deles, sente imediatamente uma vontade de sumir. Você e esses colegas de trabalho não são íntimos e eles nunca, nunca na vida te viram naqueles trajes ou cansada daquele jeito. Nunca, claro, até aquele momento.

Meu filho nasceu quase sete horas da noite, depois de um dia inteiro de trabalho de parto. Cheguei ao quarto com o bebê perto das nove, em uma adrenalina doida que me fez passar a noite em claro.

Não queria que ele dormisse no bercinho, então passamos a madrugada toda agarrados, grudados, nos observando, nos conhecendo, nos amando. Dormi quando o dia já amanhecia e eu estava moída quando o espetáculo, ops, a maratona de visitas começou. Um entra e sai que só se encerrou às dez horas da noite. ÀS DEZ HORAS DA NOITE!

Eu queria muito aprender a amamentar, mas naquela agitação toda não conseguia colocar meu filho no peito quantas vezes eram necessárias para que nossa parceria desse certo. Precisava de ensaio, de tempo para errar e acertar. De sossego. E não tinha.

Segundo dia na maternidade, a mesma coisa. Visitas e mais visitas e a amamentação ainda na estaca zero. Você pode perguntar: *Por que você não pediu para as visitas saírem alguns minutos do quarto?* E eu te respondo: *Você conseguiria se dedicar em paz a qualquer projeto na vida sabendo que há pessoas esperando por você do outro lado da porta, de olho no relógio?* Então. Nem eu.

Antes de ter filho eu era daquelas que achava que **tinha de ir** à maternidade visitar o bebê de todas as mulheres que conhecia e que tinham acabado de parir. *Como ela vai saber que eu me importo se não for lá vê-la?*, pensava. Depois que deixei de ser a mulher que visita e me tornei a mãe que recebeu mais de trinta visitas em três dias de hospital (!) desapareci das maternidades de São Paulo e das casas das recém-paridas. Só dei o ar da graça quando mulheres muito, mas muito próximas mesmo a mim deram à luz. Mesmo assim entrei num pé e saí no outro, só fiquei tempo suficiente para um beijo e alguns conselhos básicos de sobrevivência: *alimente-se, esqueça da casa, da louça, do mundo lá fora, descanse sempre que possível, durma sempre que o bebê dormir, vai por mim.*

mãe sem manual

A vida real começou

Depois que saímos da maternidade — onde ainda há uma auxiliar de enfermagem experiente e sempre pronta a ajudar nas trocas de fraldas, na limpeza do umbigo e no banho do recém-nascido — a vida real começa. E porque a vida real pode ser muitas vezes solitária, algumas mães preferem que as visitas aconteçam todas na maternidade mesmo, para que depois tenham sossego e não pensem em nada além de amamentar, amamentar, sonhar com uma noite inteira de sono, amamentar e amamentar.

Lembro que estava sozinha em casa (licença-paternidade de cinco dias é a piada do século) e, enquanto amamentava meu filho na tranquilidade do quartinho dele, o telefone da sala não parava de tocar. Quando finalmente atendi, uma tia perguntou brava: "Mas por que você nunca atende ao telefone, filha?" *(Porque eu tenho um bebê recém-nascido que mama o dia inteiro e estou sozinha em casa, será?)* "Estou ligando para avisar que vou te visitar hoje às sete da noite!"

Claro que o bebê estava dormindo às sete da noite, claro que com essa visita eu perdia a chance de dormir um pouco antes que ele acordasse dali a uma hora e meia para mamar de novo, claro que ela não se conformou que ele não estava acordado e pediu para que eu o despertasse, claro que eu disse que não, claro que ela ligou mais mil vezes depois e apareceu outras vezes até encontrar o guri acordado, claro que isso consumiu toda a energia que eu já não tinha.

Em um dos primeiros fins de semana em casa coloquei o marido de telefonista e fiz com que ele dissesse aos candidatos a uma visita que não viessem, já que eu estava "à beira de uma depressão pós-parto" o que, olha, por pouco não virou verdade.

A mulher nessa fase precisa de menos visitas e mais ajuda. Quando minhas amigas deram à luz seus filhos eu não sumi da vida delas, pelo contrário. Sempre mandava mensagem perguntando se elas precisavam de um ombro, uma comidinha caseira, um bolo gostoso ou alguém que colocasse ordem na casa. *Não precisa me esperar acordada, avise o porteiro e deixe a chave debaixo do capacho*, eu sugeria. E eu ia lá, fazia o que precisava ser feito, sabendo que essa era a melhor visita que elas podiam receber.

O excesso de gente entrando e saindo não é ruim apenas para a mãe, mas também para o bebê – e isso eu aprendi na raça. Meu filho foi internado na UTI semanas depois de nascer e quase morreu. Lembrava dele deixando a maternidade há apenas poucas semanas tão forte, lindo e cheio de vida e não acreditava que estava vendo-o lá, em uma unidade de terapia intensiva, com aqueles monitores apitando *pi-pi-pi-pi*, precisando de oxigênio, antibióticos e leite por sonda porque não tinha fôlego para mamar sozinho, *alguém me belisca, isso parece um pesadelo, preciso acordar*. "Seria bronquiolite?", pesquisavam os médicos.

Enquanto faziam exames para saber se a culpa era de um tal vírus sincicial respiratório fomos para o isolamento, onde o tempo passava e eu não sabia mais se era dia ou noite, quarta ou domingo, chovia ou fazia sol. Um dia uma enfermeira querida entrou silenciosamente no quarto de isolamento e colou um desenho na cabeceira da cama do meu filho. Era o Mickey, carregando balões de festa e desejando "parabéns pelo seu primeiro mês de vida, Samuel!". Só daí me dei conta que meu filho passou seu primeiro "mesversário" em uma UTI, lutando bravamente pela vida.

Os médicos descobriram que meu filho, ainda bem, não teve a tal bronquiolite e sim uma gripe comum, o vírus influenza velho de guerra que é transmitido a gente sabe bem como: basta que uma pessoa gripada espirre, tussa ou fale perto da outra, no caso, um recém-nascido frágil e novinho que mal teve tempo de inaugurar sua recém-conquistada carteirinha de vacinação que pronto, o estrago foi feito.

Chegar da rua trazendo todos os germes, vírus e bactérias e pegar o bebê no colo para aquela fotinho nas redes sociais? Não seja essa pessoa, não deixe que nenhum dos seus amigos seja essa pessoa, *eu também não sou mais essa pessoa*. Você nunca mais vai me ver com um recém-nascido dos outros no colo à toa, *vem aqui com a titia, vamos tirar uma foto para o Instagram!* Criança recém-nascida não é corrimão de boate, onde todo mundo põe a mão.

Meu filho ficou bem depois de cinco dias de UTI. E eu, depois disso, virei a louca do álcool em gel e da fralda de pano. *Quer pegar bebê no colo? Toma aqui, esfrega sua mão com o produto.* Está com a roupa que veio da rua? Jogava logo uma fralda de pano sobre a roupa do candidato a pegar o bebê no colo e só depois "liberava" o bebê.

Claro que meses depois vão rolar situações bizarras e inevitáveis – seu filho vai lamber o chão, comer a areia do parquinho e babar em todos os brinquedos já babados da brinquedoteca. Mas daí ele já estará maiorzinho, com as vacinas em dia e a vitamina S, de sujeira, já terá feito milagres pela imunidade dele.

Capítulo 6

Quem ensina as mães a amamentar? Ninguém.

Véspera de Natal, década de 80 do século passado, quase meia-noite. O Papai Noel finalmente chega, puxando um saco de presentes. A emoção é tanta que o sono vai embora e parece que o coração vai sair pela boca. O bom velhinho me entrega uma caixa enorme, embrulhada em um papel de presente colorido, com uma fita gigante amarrada. Era exatamente o que eu queria! Um bebezinho careca, lindo. Minha prima ganha um igualzinho e também parece hipnotizada. No fundo da embalagem uma mamadeira de plástico, presa com arames, que arranco com algumas puxadas. Em alguns minutos o bebê está em meus braços de criança, mamando sua mamadeira de brinquedo, enquanto uma tia me ensina qual o passo seguinte, "precisa colocá-lo de pé para arrotar, Ritinha, senão o bebê engasga!".

E foi brincando de casinha e vendo mães e tias usando a mamadeira para dar leite para nossos irmãos e primos que as mulheres nascidas nas décadas de 70 e 80 aprenderam que a mamadeira era um item de primeira necessidade para as mães com bebês. Não me lembro de ter visto minha mãe amamentar minha irmã no peito, mas das mamadeiras, ah, delas eu me recordo bem. Eram coloridas, de vidro, estavam sempre cheias de leite e enroladas em fraldas de pano, para conservar por mais tempo o quentinho do leite recém-fervido.

Que o neném **também** podia mamar no peito a gente até sabia. Mas não parecia ser uma tarefa fácil ou apropriada. As mães que colocavam os filhos no peito para mamar estavam sempre escondidas, com os seios cobertos por fraldas, muitas vezes apartadas do resto da família, nos quartos. Esse isolamento não durava muito tempo e logo elas aderiam às mamadeiras coloridas e se juntavam ao grupo. Como colocar o peito para fora a qualquer hora e lugar parecia ser tabu, a mamadeira parecia trazer algum tipo de independência à mulher.

    Quando eu já era adulta, mas ainda não tinha filhos, comecei a perceber, aos poucos, que esse preconceito contra a amamentação em público era uma construção social. Logo me questionei: colocar o peito para fora para amamentar uma criança é feio e sujo, mas desfilar com peito de fora no carnaval é lindo e socialmente aceito? Ah, faça-me o favor. Comecei a pensar melhor sobre o assunto quando ainda era apresentadora de telejornal e os primeiros "mamaços" começaram a ser organizados e, claro, noticiados pela imprensa. Mulheres que são constrangidas ou proibidas de amamentar em público se organizam e amamentam todas juntas no local onde ocorreu o mal-estar, para chamar a atenção da opinião pública. Afinal, faz sentido impedir que um bebê, que sente fome sem hora marcada, seja impedido de se alimentar porque alguns adultos, tão crescidos e ao mesmo tempo tão bobalhões, não conseguem entender que o peito não foi feito para o sexo, mas sim para alimentar bebês?

    "Mas por que essas mulheres não colocam uma fraldinha sobre o peito e evitam essa polêmica toda?", perguntou um colega de trabalho, ao ver as cenas do "mamaço".

    "Por que essas mulheres não vão para um 'lugar mais calmo', como um banheiro feminino, e amamentam seus filhos lá?", questionou outro.

    Devolvi a pergunta querendo saber se algum deles alguma vez já almoçou sentado na privada de um banheiro público, com o prato apoiado no colo e um pano na cabeça, escondendo a refeição, como se estivesse fazendo algo indecente.

    Silêncio.

    Claro que não. Nunca.

mãe sem manual

De uns tempos para cá, uma geração de mulheres decidiu lutar pelo direito de amamentar no peito sem ser incomodada, sem que duvidem de sua capacidade, as desencorajem ou interpelem com abobrinhas que não têm nenhuma conexão com a realidade ou com as evidências científicas. A OMS (Organização Mundial da Saúde), uma agência especializada em saúde ligada à ONU (Organização das Nações Unidas), afirma com todas as letras que o leite materno é o melhor alimento que a mãe pode oferecer ao seu bebê. Recomenda, inclusive, que as mulheres amamentem os bebês exclusivamente no peito até o sexto mês, quando as primeiras comidinhas começam a entrar no cardápio do bebê, e que continuem amamentando pelo menos até o segundo ano de vida da criança (não precisa parar aí se não quiser. E se não aguentar chegar até esse ponto, fazer o quê? Cada um sabe onde é que o calo aperta). Não ouça ninguém que queira palpitar sobre o assunto e que não parta dessa premissa, por favor.

"Ah, o leite materno é fraco!", garante a tia da prima da vizinha.

Quem você acha que tem mais conhecimento sobre o assunto?

a) A tia da prima da vizinha

b) A Organização Mundial da Saúde e Ministério da Saúde

Se você respondeu a letra b para esse nosso *quiz*, acertou, parabéns!

"Ah, amamentar no peito é coisa de índia, a OMS recomenda isso apenas para as mulheres pobres da África que não têm dinheiro para comprar leite de latinha!", garante aquele pediatra que nunca leu nenhum estudo sobre amamentação.

O que esse pediatra merece?

a) Cara de alface

b) Que você nunca mais volte ao consultório dele
c) As duas alternativas anteriores

Se você respondeu a alternativa c, parabéns!

"Nossa, com esse peito tão pequeno você não vai ter leite", garante uma pessoa que, veja só, nunca te viu na vida.
a) Tamanho não é documento
b) Boa parte do leite que o bebê mama é produzido na hora em que ele está sugando, ou seja, tanto faz o tamanho do peito
c) Todas as anteriores

Se você respondeu a letra c, acertou. Peito não é estoque, é fábrica. Enquanto houver um bebê sugando, haverá leite, fique tranquila.

Mas por que esse tal leite materno é tão bom?

Embora o leite do peito e o leite artificial tenham a mesma finalidade — alimentar os bebês — existe um verdadeiro abismo entre eles. O leite materno transporta os anticorpos da mãe para seu filho recém-nascido, funcionando como uma espécie de vacina para aquele *bebezico* que nasce com o sistema imunológico naturalmente desprotegido. O leite do peito, ao contrário do da latinha, é capaz de se transformar, mudando de composição de acordo com as necessidades do bebê. Começa mais aguado, ideal para matar a sede (olha de onde vem o mito do "leite fraco"!), e se transforma em um leite com cinco vezes mais gorduras que aquele do início da mamada*. É tão completo que dispensa qualquer outro tipo de alimento

*Manual Prático do Aleitamento Materno. Dr. Carlos González, Ed. Timo, pág. 18.

durante os seis primeiros meses de vida do bebê, ou seja, esqueça chás, suquinhos e até a água – que além de não serem necessários, chegam a ser contraindicados.

O leite artificial é seguro e adequado para os bebês, claro, ou não teria autorização para ser comercializado, e ajuda muitas e muitas mães por aí que, por um motivo ou outro, não conseguem ou escolhem não amamentar seus filhos no peito (sim, essa opção existe e, como todas as decisões da mulher, deve ser respeitada). Mas se os dois entrassem em uma disputa, o industrializado tomaria uma surra de 7 x 1 do leite materno, porque a indústria não conseguiu ainda (e talvez nunca consiga) chegar aos pés do produto fabricado pela mãe natureza. (Outra vantagem do leite materno a gente só se dá conta quando saca o cartão de crédito para pagar pelo leite artificial: ele ajuda a família a não falir. Já viu quanto custa uma latinha?)

Quando finalmente fiquei grávida, depois de longos anos tentando, sabia que queria amamentar meu filho. Mas o assunto simplesmente **não** surgiu nas consultas do pré-natal – e como eu não perguntei nada, ninguém me disse nada – fazendo com que eu acreditasse que amamentar era algo simples e intuitivo, como respirar. *Deve ser só colocar meu filho no peito que a mágica vai acontecer*, acreditei. E foi o que fiz. Ou melhor, foi o que tentei fazer. Imediatamente ouvi uma bronca ainda na sala de parto – sim, uma bronca – em alto e bom som: "SEU FILHO ESTÁ FAZENDO SEU PEITO DE CHUPETA! NÃO DEIXE SEU FILHO FAZER SEU PEITO DE CHUPETA!", berrou um dos médicos da equipe que assistiu ao meu parto.

Como assim? Eu mal tinha estreado na função de mãe e já estava fazendo tudo errado?

O instinto do meu filho recém-nascido, que fazia com que ele explorasse o peito de sua mãe, também estava errado?

Quem nasceu antes, o peito ou a chupeta? Se meu filho ainda não conhecia a chupeta, mas estava sendo apresentado ao peito, será que não estava simplesmente fazendo o peito de peito mesmo?

Envergonhada, como se acusada injustamente por um crime que não tinha cometido, desisti da tarefa, *mais tarde tento de novo*, pensei.

Só no dia seguinte tentei amamentar de novo, por iniciativa própria. Algumas enfermeiras examinaram rapidamente a mamada, disseram que não estava saindo leite algum e saíram do quarto, resignadas. Ninguém se sentou ao meu lado para dizer "vamos lá, vou te explicar, vamos fazer isso juntas, você vai conseguir!". **Ninguém**. Lá pelas tantas, quando meu filho completava dois dias de vida, decretaram que o "problema" (*sim, segundo a maternidade **eu** tinha um*) era o bico do meu peito, muito "plano". Encomendaram um bico de silicone que chegou às minhas mãos dentro da embalagem, também sem nenhuma orientação. Coloquei no meu peito sem entender como uma camada plástica extra entre mim e meu filho faria que a amamentação engrenasse. Não engrenou, óbvio, mas me "tranquilizaram", porque "tínhamos tempo", já que "o bebê tem uma reserva de energia e pode ficar até três dias depois do nascimento sem mamar!". Mas em algum momento ele teria que começar, não é mesmo?

Meu filho deixou a maternidade trezentos gramas mais magro do que quando nasceu, o que é relativamente normal. Na alta, recebemos uma prescrição do leite artificial, para ser usada somente "no caso da amamentação não dar certo, viu?". O hospital deixava claro naquele momento que minha derrota era esperada – apenas uma questão de dias. Hoje eu sei que podiam ter me orientado a procurar um banco de leite público, uma consultora em amamentação, um grupo de apoio à mãe que amamenta, o departamento de aleitamento materno da Sociedade Brasileira de Pediatria, um hospital amigo da criança... mas, não. Eles me deram um papel onde estava anotado o nome do leite

mãe sem manual

"mais indicado para o meu bebê". Não, no papel não estava escrito "leite materno" e sim uma das marcas mais vendidas do mercado.

Quando pusemos o pé em casa, Samuca começou a berrar de fome. Se tinha sido difícil tentar amamentar quando ele estava calmo, com ele estressado e faminto tinha virado missão impossível. Meu marido deixou nossas malas no chão e correu para a farmácia mais próxima para comprar o tal leite e uma mamadeira. *Devo ser capaz pelo menos de misturar leite em pó com água*, pensei, certa de que era uma mãe de merda e que o mundo logo, logo iria perceber.

Nos dias seguintes, fiz mais algumas tentativas de amamentar no peito, mas o guri chorava de um lado e eu de outro. Como o Samuca já tinha sido apresentado à mamadeira e sua lógica, ele ficava nervoso e confuso. O leite sai sozinho da mamadeira e o bebê movimenta a língua ritmicamente para fora, para interromper o fluxo e engolir. Para mamar no peito, a língua do recém-nascido tem de se movimentar para dentro, para conseguir retirar o leite*. Ou seja, mamar de um jeito ao meio-dia e de outro jeito uma hora depois era pedir demais para um bebê que só esperava desse mundo um pouco mais de coerência.

Meus peitos estavam dolorosamente cheios de leite e os bicos em frangalhos, porque a "pega" nunca tinha sido correta. Minha preocupação inicial se transformou em outra: precisava esvaziar as mamas e evitar uma mastite, inflamação que começa com dor e que pode se transformar em algo mais sério. Aluguei uma bombinha elétrica para tirar leite e assim eu matava dois coelhos com uma paulada só: aliviava o desconforto que estava sentindo e podia oferecer um pouco de leite materno ao meu filho, mesmo que na mamadeira.

*Manual Prático do Aleitamento Materno. Dr. Carlos González, Ed. Timo.

Isso tornou a rotina da amamentação ainda mais cansativa do que realmente é: enquanto as mães que amamentam no peito dormem poucas horas, porque os bebês acordam várias vezes durante a noite, as mães que ordenham o leite do peito para depois oferecer aos seus filhos na mamadeira dormem quase nada. É insano. Eu estava sempre de pé esterilizando bombinha e apetrechos, ordenhando, congelando e descongelando leite e, claro, dando de mamar. Eu me empolguei e achei que se mantivesse o ritmo conseguiria abrir mão do leite artificial para dar a ele só leite de peito na mamadeira. Sabia de nada, a inocente. Meu leite começou a diminuir, diminuir, até que secou. Se não há um bebê sugando, o corpo entende que não precisa mais produzir leite, hoje eu sei como funciona. Quando meu filho não tinha nem dois meses completos tivemos que nos render exclusivamente ao leite de latinha.

O que aconteceu comigo é muito, muito comum. Dói imaginar que a parceria com meu filho poderia ter sido ainda mais linda do que foi, mas falsos mapas fizeram com que eu me perdesse no meio de um caminho que eu queria muito ter percorrido. Hoje sei que amamentar sem buscar informação nos lugares corretos é mais ou menos como tentar dirigir um carro sem ter aulas de volante. Podia ter dado certo, claro, mas tinha grandes chances de dar errado. E deu.

No tempo das nossas avós, muitas mulheres ainda não trabalhavam, estavam fisicamente mais próximas e sempre trocavam informações que iam de receitas de bolo aos cuidados com as crianças. Naquele bate-papo no portão que logo virava um café com bolo na cozinha, uma ajudava a outra a enfrentar melhor as demandas da maternidade. Claro que muitos mitos e crendices existiam e eram propagados, mas essa rede de apoio tão próxima fazia com que as mulheres não duvidassem de sua capacidade ancestral de amamentar seus filhos, o que a maioria delas conseguia – umas com mais, outras com menos ajuda. Hoje estamos cada vez mais reclusas em nossos apartamentos, varandas e quintais com muros altos. Aquela vizinha que está a apenas uma campainha de distância e que te deu dicas valiosas, ombro e colo, teve de voltar ao trabalho, já que a licença-maternidade dela acabou. Em que porta bater na hora que o bicho pega, para onde correr?

Amiga, corra para as redes sociais.

Só entrei no Facebook quase um ano depois que o Samuel nasceu, uma pena. Mas quando finalmente me rendi, descobri que ali havia uma mulherada virtualmente organizada em grupos maternos, rápidas no gatilho, coração aberto para dividir experiências e debater todos os assuntos relacionados à criação de filhos, sem papas na língua e sem "mãezinha" para cá, "mãezinha" para lá.

Dia desses, uma mãe de recém-nascido fez um post pedindo ajuda: estava desesperada porque o bebê, que até então mamava tão bem, relutava em pegar o peito – sugava, resmungava e desistia, mesmo tendo fome. E chorava, claro, os bebês choram para dizer que algo não está bem, *presta atenção em mim, mamain*. Uma grande corrente de ajuda e compaixão se formou.

"Já aconteceu comigo! Esvazie um pouco o peito, deve estar muito cheio. Quando sai muito leite os bebês se irritam e reclamam", aconselhou uma mãe.

"Ordenhe um pouco sua mama com a mão mesmo e só depois ofereça o peito", aconselhou outra.

Mais algumas mães entraram no post, deram conselhos, mandaram boas vibrações e, principalmente, disseram para que ela não se desesperasse ou desistisse: "é assim mesmo, mana!".

Cerca de uma hora depois essa mãe voltou ao grupo virtual, aliviada, contando que tinha dado tudo certo – assim que ela esvaziou um pouco a mama o bebê voltou a se entender com o peito e mamou lindamente. Estava agradecida e também confiante de que era capaz de prosseguir na caminhada.

Quando eu tentei amamentar, não sabia que para cada pessoa desinformada ou desinteressada pelo assunto havia o dobro de gente que podia me apontar caminhos, dar colo e ombro. Mas agora você já sabe.

Amamentação

Catorze verdades sobre amamentação, segundo o Dr. Moisés Chencinski, Presidente do Departamento Científico de Aleitamento Materno da Sociedade Brasileira de Pediatria de São Paulo e criador da campanha #EuApoioLeiteMaterno.

1) Não há necessidade de preparar os seios para amamentação. Eles estão prontos. Sol, "buchinha" de banho são ações que ficaram no passado.

2) A "pega" adequada do bebê é na aréola e não no mamilo.

3) O aleitamento tem que começar ainda na sala de parto. O contato pele a pele entre mamãe e bebê estimula os hormônios e a conexão entre a dupla.

4) O aleitamento materno exclusivo e em livre demanda até o sexto mês oferece tudo o que é fundamental nessa fase de vida do bebê: hidratação, proteção de anticorpos e reforço da flora intestinal, favorecendo a digestão e diminuindo a incidência de gases ou cólicas.

mãe sem manual

5) O aleitamento materno previne contra doenças respiratórias, como a asma, doenças digestivas, como a diarreia e o refluxo, contra alergias, como intolerância ao glúten e a alergia à proteína do leite de vaca, a anemia, obesidade e cáries.

6) Mamar no peito desenvolve a respiração adequada e a formação perfeita da arcada dentária do bebê, além de um melhor posicionamento da língua e dos dentes.

7) A mãe que amamenta desde a sala de parto tem um desprendimento mais facilitado da placenta e o útero retorna mais rapidamente ao seu tamanho normal. Há estudos que mostram uma diminuição da incidência do câncer de mama e de ovários, além de uma redução de doenças cardiovasculares e diabetes.

8) Amamentar ajuda a emagrecer. A mulher que amamenta queima cerca de 500 calorias por dia.

9) O leite materno é completo e tem a composição adequada às necessidades de cada bebê. É seguro e está sempre "pronto para o consumo", e muda de acordo com as necessidades do lactente, seja ele prematuro ou não.

10) O leite materno tem água, mas nunca vira água, independentemente da idade do bebê.

11) A mãe não precisa retirar nada da dieta para amamentar. Nem café, nem feijão. Álcool e alho devem ser evitados.

12) Atividade física faz bem para a mãe. **Excesso** de exercício físico pode diminuir a produção do leite.

13) Durante o primeiro ano de vida o bebê triplica de peso e ganha mais metade do tamanho que tinha quando nasceu. Ele engorda mais nos primeiros seis meses, quando mama apenas leite, do que no segundo semestre, quando começa a introdução alimentar.

14) O Brasil tem a melhor e maior rede de bancos de leite humano do mundo, mas falta leite. Se a mulher criar o hábito de doar leite desde cedo estará salvando a vida de muitos prematuros e estará treinada para armazenar leite quando estiver prestes a voltar a trabalhar. O leite humano pode ser guardado por 12 horas na geladeira e por até 15 dias no freezer.

Capítulo 7

O pós-parto é como um show de heavy metal

Uma amiga advogada achava que a licença-maternidade seria tranquila, "tempo livre" ideal para que ela estudasse para o concurso de juíza. "Serão cinco meses inteirinhos de bobeira em casa, tenho que aproveitar!", pensou. Outra achou que seria um bom negócio começar uma pós-graduação e eu decidi que iria terminar um curso de tradução assim que o bebê nascesse, faltavam apenas seis meses para me formar.

Também organizei os livros nos quais eu iria me debruçar durante esse "tempo livre" que a licença-maternidade me concederia, vários clássicos da literatura mundial, que eu nunca tinha conseguido tempo para ler, até então foram cuidadosamente empilhados no meu criado-mudo – lembro que "Guerra e Paz", do Tolstói, uma das obras mais volumosas da literatura mundial, estava no topo da pilha – a publicação só não era maior que a confiança que eu tinha de que os meses seguintes seriam de muito estudo, afinal eu **só** teria que cuidar de um recém-nascido, *vou ter tempo de sobra!*

Sabe o que eu e essas mulheres tínhamos em comum além do fato de termos engravidado mais ou menos na mesma época?

Não sabíamos de nada, as inocentes.

Como éramos mães de primeira viagem, acreditamos na fantasia coletiva tão retratada nas propagandas de produtos para recém-nascido que mostram um bebê calminho e dorminhoco sendo observado pelos olhos apaixonados de sua mãe sempre feliz, corada, penteada e bem-vestida em seus trajes tons pastel.

Se a publicidade fosse baseada em fatos reais, como os documentários, a mãe também poderia estar feliz, verdade seja dita, mas com algumas olheiras, além de uma ruga de preocupação e cansaço na testa. A camisola de algodão estaria com manchas de leite nos peitos e o cabelo, sem ver pente há alguns dias, apareceria amarrado displicentemente com um elástico de dinheiro – daqueles que na hora de tirar arrancam vários tufos do couro cabeludo, sabe como é? – mas foi o único que ela encontrou para prender o cabelo na hora de trocar aquela fralda cheia de cocô, fazer o quê?

Minha amiga-de-fé-irmã-camarada, eu vou te **dar a real**. Os primeiros tempos com um bebê são como um CD de heavy metal que vai tocar em looping. Você não consegue reconhecer as notas, a guitarra está alta e distorcida, a bateria e o baixo são densos e o vocalista está gritando na sua orelha. E isso é o **normal,** tá? Quando a gente sabe que o show que está programado é esse e não o banquinho e violão do João Gilberto, fica mais fácil aceitar e saber que não, o problema não é com a gente. Não, o problema também não é com o bebê.

Seu filho pode querer mamar sem parar, porque quando estava na sua barriga era alimentado o tempo inteiro pelo cordão umbilical. Ele pode chorar de cólica e nada, nada, nada do que fizer parece adiantar. Ele pode querer passar o dia inteiro no seu colo porque você é a pessoa preferida dele e é realmente muito assustador sair de um útero quentinho e escuro para esse mundão cheio de luzes, cores e sons de meu Deus. E você pode se sentir muito, muito, muito cansada, perdida, atordoada. Foi assim comigo, com as minhas amigas e com todas as outras mães do mundo – aquelas que têm toda uma rede de apoio e ajuda e também as que não têm ninguém com quem contar nesses primeiros tempos com o bebê.

"Mas por que você não está bem se está tudo bem?", pergunta o marido, a sogra, a tia e você mesma, claro, quando está de frente ao espelho e tenta entender por que não consegue sorrir nem um pouquinho se acabou de dar à luz um bebê lindo e cheio de saúde. A resposta para essa pergunta capciosa eu também acho que sei, porque aconteceu a mesmíssima coisa comigo. Senta que lá vem a história.

mãe sem manual

Esse período logo após o parto tem nome, e é esquisito: puerpério. Segundo o dicionário Houaiss, o puerpério é aquele período que começa depois do parto e vai até o momento em que seu corpo e suas emoções "voltem às condições anteriores à gestação". Se eu fosse ousada a ponto de achar que o dicionário do mestre Antônio Houaiss é tipo a Wikipédia, que a gente pode ir lá e mexer, eu editaria o verbete para que as mães entendessem exatamente do que se trata, sem filtros:

> "Puerpério. Subst. Masc. Período que decorre desde o parto até que os órgãos genitais e o estado geral da mulher voltem às condições anteriores à gestação. *Embora as coisas melhorem e entrem nos eixos, nada será como antes e tudo bem, amiga. Você agora é mãe e isso muda a gente para sempre*".

Mesmo feliz com a chegada do recém-nascido, amado e esperado na maioria dos casos, enfrentamos um período de angústias, lágrimas e principalmente de luto, que se inicia quando a gente se dá conta, consciente ou inconscientemente, de tudo o que se **perde** quando se **ganha** um bebê.

Você deixa para trás a velha forma, a autonomia sobre o próprio corpo e sobre o próprio tempo, o privilégio de dormir até a hora que bem entender, a liberdade de poder sair de casa apenas com a roupa do corpo, o sexo a qualquer hora do dia ou da noite. Como se isso ainda fosse pouco, a caixa de Pandora que estava escondidinha no fundo do seu subconsciente se abre, podendo trazer à tona passagens nebulosas e às vezes doloridas do seu nascimento e infância, da relação com seus pais e algumas mágoas nunca resolvidas que foram colecionadas pelo caminho. O resultado da mistura de sentimentos tão diversos somados à privação do sono, às mudanças hormonais, às dores no corpo e ao medo que nos toma quando percebemos que somos responsáveis pela sobrevivência e pelo bem-estar de outro ser humano tão pequeno e indefeso, pode nos jogar nos braços do **baby blues**, já ouviu falar?

    O baby blues, ou melancolia puerperal, em bom português, é um estado de abatimento ou irritação que atinge a maioria **absoluta** das mulheres no pós-parto — eu passei por isso depois que meu filho nasceu e você pode estar enfrentando essa tristeza, que chega junto com o bebê, nesse exato momento. Essa melancolia, embora nos incomode e nos encha de culpa, não nos paralisa ou nos impede de sermos também muito felizes com o nosso filho, ao contrário das mulheres que enfrentam um quadro de depressão pós-parto, que é grave, atinge homens e mulheres que ainda estão grávidos ou que acabaram de ganhar um bebê e precisa ser tratada com psicoterapia e algumas vezes com medicamentos.

    Eu e o baby blues somos íntimos, porque mergulhei fundo nele. Contava com a parceria do meu marido e com alguma ajuda nos primeiros tempos com o bebê, mas embora uma rede de apoio seja essencial para sobreviver a essa fase, não garante que não vamos sentir o baque — que é pessoal e intransferível. Eu tinha perdido minha mãe dois anos antes do nascimento do meu filho e, inconscientemente, decidi viver esse luto para valer durante meu puerpério. Chorava de saudades dela e imaginava como seria incrível se ainda estivesse ao meu lado, curtindo o primeiro neto. Passei algumas semanas curtindo uma deprê, vendo fotos, relembrando os bons e os maus momentos ao lado dela, limpando as lágrimas que teimavam em cair entre uma mamada e outra, até que a dor da saudade doeu tudo o que tinha que doer e se aquietou. Aos poucos a vida entrou nos eixos, ela quase sempre entra por si só. Quanto tempo o baby blues dura? O tempo que tem de durar — uma semana, quinze dias, um mês. Aos poucos a vista vai ficando menos nublada e você começa a enxergar que perdeu muitas coisas sim, mas ganhou outras tantas, como quase tudo na vida.

Seu corpo não é mais o mesmo, claro, mas é muito mais forte do que você sequer imaginou: é capaz de conceber, gestar, parir e alimentar uma criança. Se a gente parar para pensar, algo espetacular aconteceu, e toda vez que algo grandioso ocorre, no bom e no mau sentido, precisamos de tempo para nos adequar à nova realidade, sentir-se à vontade nesse novo papel.

Agora, posso te pedir um favor?

Diz que sim, vai, eu nunca te pedi nada!

Não leia, não compartilhe e não comente, nem sob tortura, aquelas reportagens que são publicadas todos os dias na imprensa sobre a estrela da TV que "voltou ao corpo de antes apenas um mês após o parto". Essas coisas existem, claro, mas são a exceção, não a regra. Não faz bem para a psiquê de alguém que não tem ajuda, que não dorme direito e que está lutando para amamentar e sobreviver aos primeiros meses de um bebê ler que é necessário "apenas foco e fé para voltar ao corpo de antes". *Não, miga,* é necessário foco, fé, tempo, dinheiro, marido, babá e sono em dia para conseguir voltar a malhar e conseguir uma barriga "tanquinho" enquanto o corpo ainda dói, o útero não voltou ao tamanho normal e o sono ainda é artigo de luxo.

"Ter o corpo de antes" não era o meu objetivo inicial no pós-parto – talvez seja o seu e tudo bem, né não, cada um sabe onde o calo e a calça apertam. Descansar era minha prioridade número zero nos primeiros tempos e uma amiga tinha me aconselhado a dormir sempre que o bebê dormisse. Eu tentava, mas nem sempre era possível, e nem era por falta de sono, mas sim porque a gente não quer só dormir, a gente também quer comida, diversão e arte, já diziam os Titãs. Falando sério: precisamos também tomar banho, assistir a um telejornal para ver como está o mundo, ter uma conversa de adulto e fazer sexo. Sim! Sexo. Lembra como é bom?

Antigamente os médicos diziam para os casais esperarem pelo menos 40 dias após o parto para retomar a vida sexual. Mas essa "regra" é baseada mais em tradição do que em evidências científicas, contaram-me alguns ginecologistas e obstetras com quem conversei. Muitos profissionais da saúde têm deixado a cartilha de lado para olhar para cada mulher de forma individual.

Teve parto normal, sem pontos ou lacerações e está se sentindo muito bem, obrigada? Pode retomar a vida sexual a qualquer momento, ou melhor, a qualquer momento que você quiser. Mães que tiveram seus filhos depois de uma cesárea ou de um parto normal que demandou pontos têm de esperar mais um pouco – mas sentir-se bem, disposta, pronta e com desejo são sempre sinais mais importantes do que os enviados pelo calendário, que teima em contar os quarenta dias da tal "quarentena" para nos liberar para o sexo.

Mas a vontade de transar desaparece se todas as tarefas com o bebê e com a casa estiverem pesando sobre as suas costas. Não está escrito em lugar algum que as obrigações com o recém-nascido são todas suas só porque seu filho ainda mama no peito.

Trocar fralda, dar banho, acordar de madrugada, ninar, acolher durante a cólica são atividades que podem ser facilmente divididas entre pais e mães. E mesmo se seu filho mamar no peito existem formas de o pai (ou qualquer outro cuidador) oferecer o leite materno para esse bebê sem ser com a mamadeira, para que não haja confusão de bicos e um possível desmame. Pesquise sobre "copinho de amamentação" na internet. O marido de uma amiga virou craque na técnica do copinho e chegou até a oferecer um curso sobre o assunto para os pais que queriam participar ainda mais da criação dos seus filhos.

mãe sem manual

Essa fase é cansativa? Muito. Mas a natureza é sábia. Quando você acha que está no limite, *socorrooo, não vou mais aguentar...* seu filho sorri para você pela primeira vez.

É um sorriso de reconhecimento pelos serviços prestados. Ele te ama mesmo. Você é definitivamente a pessoa favorita dele.

Mas não se engane, você só passou de nível, que nem nos videogames. E toda vez que a gente passa de nível, lembra o que acontece? Sim, a fase seguinte é mais difícil.

Lembra do "Guerra e Paz"? Não li até hoje.

Baby Blues X Depressão Pós-Parto

O baby blues é benigno e comum, já a depressão pós-parto é maligna e mais rara e deve ser tratada com psicoterapia e às vezes também com medicamentos, afirma Vera Iaconelli, psicóloga e psicanalista, fundadora do Instituto Gerar, que pesquisa e trata questões da perinatalidade e parentalidade.

Segundo a psicanalista, a gravidez e o puerpério são considerados período de risco para o psiquismo devido à intensidade dessa experiência. A Depressão Pós-Parto acomete de 10 a 20% das puérperas, podendo começar na primeira semana após o parto e perdurar até 2 anos. Os homens também sofrem de depressão pós-parto, mas geralmente começam a ter sintomas após o terceiro mês do nascimento do bebê. É muito comum que ambos sejam diagnosticados com depressão pós-parto ao mesmo tempo.

Mulheres com sintomas depressivos antes ou durante a gestação, que sofrem de TPM, a tensão pré-menstrual, com histórico de transtornos afetivos, que passaram por problemas de infertilidade, que sofreram dificuldades na gestação, que foram submetidas a uma cesariana, que deram à luz o primeiro filho, que são vítimas de carência social, mães solteiras, mulheres que perderam pessoas importantes, que perderam um filho anterior, cujo bebê apresenta anomalias, que vivem em desarmonia conjugal e que se casaram em decorrência da gravidez têm mais chances de sofrer de depressão pós-parto, segundo estudos que vêm sendo realizados em todo o mundo.

Os principais sintomas da depressão pós-parto são: irritabilidade, mudanças bruscas de humor, indisposição, doenças psicossomáticas, tristeza profunda, desinteresse pelas atividades do dia a dia, sensação de incapacidade de cuidar do bebê e desinteresse por ele, chegando ao extremo de pensamentos suicidas e homicidas em relação ao filho recém-nascido.

Capítulo 8

seu filho: modo de usar

Conforme fui ganhando intimidade com meu filho, aprendi que o choro nada mais é do que a língua do bebê. Como ainda não falam, eles choram para se comunicar, não é nada pessoal, não, fica tranquila e não caia nessa onda de que o bebê chora porque é "manhoso", "está te manipulando" ou "é chantagista", pelamor, ele apenas é um bebê que se comunica da forma esperada, ainda bem.

Acredito que as aulas de linguística na faculdade somadas às habilidades auditivas recém-desenvolvidas de mãe me deram algumas ferramentas, embora rústicas, para tentar estabelecer um padrão e entender o que alguns choros daqueles primeiros meses queriam dizer. Aos poucos fui sacando que meu filho chorava de um jeito quando tinha fome (o som era tipo um nééééééééé), mas quando era de sono, era diferente, mais magoado, com a boca fazendo um tipo de bico. Uma musicista australiana chamada Priscilla Dunstan passou mais de uma década estudando o choro dos bebês e encontrou pelo menos cinco tipos: além do choro de fome e o de sono há também como identificar, segundo ela, quando o choro é de desconforto (uma fralda suja, por exemplo), quando é de arroto e de cólica. Já existem vídeos na internet com os sons de cada chorinho e seus respectivos significados – uma ótima fonte de consulta para as mães de primeira viagem. Quem não se comunica se trumbica, já dizia o Chacrinha, e os bebês sabem disso melhor que ninguém. Quanto mais ferramentas a gente tiver para entender o que eles estão querendo dizer, melhor para nós, e também para os vizinhos.

Mas e se o bebê estiver limpo, alimentado, descansado, sem arroto ou pum presos e, mesmo assim, chorar? E pior: E se esse choro aparentemente sem motivo rolar todos os dias e na mesma bat-hora?

Mas isso pode acontecer, Rita?

Siiiiim, aconteceu comigo, inclusive!

Ladies and gentlemen, quero apresentar a vocês... A hora da bruxa!

A hora da bruxa

Quando meu filho tinha um mês, um mês e meio no máximo, ele chorava todos os dias às cinco da tarde em ponto. Juro. Eu só fui notar esse padrão de comportamento lá pelo terceiro dia. E eu tentei de tudo para acalmá-lo: troquei a fralda, a roupa, amamentei, fiz massagem na barriguinha, acalentei, embalei e... me desesperei. Era uma hora inteira de um choro doído e intermitente que nada no mundo acalmava.

O chororô com hora marcada durou algumas semanas e foi emocionalmente desgastante. Não lembro quanto tempo "a bruxa" nos visitou, mas ela foi embora da mesma forma que chegou: de repente.

Segundo alguns pediatras, a tal "hora da bruxa" nada mais é do que o bebê sentindo o nosso estresse. É por isso que "ela" aparece sempre no final da tarde, momento em que estamos mais cansadas depois de uma noite de muito heavy metal e de um dia inteiro trocando fralda, amamentando sem parar e cuidando das outras demandas da casa e da vida, que nunca são poucas. A gente olha no relógio, percebe que mais uma madrugada se aproxima e se angustia. Como os bebês são muito ligados a nós, entendem como estamos nos sentindo. E choram nossa dor.

Meu filho, assim como muitos recém-nascidos, tinha um fuso horário que era só dele – e parecia viver no Japão e não no Brasil.

E cada vez que ele acordava de madrugada, cheio de energia, dando sinais de que a noite era para brincar e não para descansar, eu me lembrava dos palpiteiros que durante a gravidez teimam em dizer que a gente "nunca mais vai dormir".

Deus, eles estavam certos. Eu só pensava em como estavam certos.

Os bebês não dormem a noite inteira, melhor aceitar que dói menos. E essa "noite inteira" nem é muita coisa não, nossas expectativas são baixinhas, se eles dormissem da meia-noite às cinco da manhã já estaria de bom tamanho e seria motivo para que pai e mãe soltassem fogos para comemorar. Mas a gente não solta, porque eles não dormem. Mas se dormissem também não soltaríamos, quer acordar a criança com barulho de rojão?

"Ah, mas o filho da prima da minha vizinha dorme a noite inteira desde bebê!"

Você sempre vai ouvir propaganda dizendo que a grama do vizinho é mais verde. O bebê da prima da vizinha e também o da cunhada da irmã podem até dormir bem, não duvido não, mas quando o assunto é o sono do recém-nascido sempre pode ser cedo demais para comemorar. Qualquer fato novo na rotina dele pode virar tudo de cabeça para baixo, sendo que "de cabeça para baixo", geralmente, significa que tudo vai estar, finalmente, na posição certa. Sacou?

O "dormir bem" dos bebês não é como o "dormir bem" dos adultos, mas como muitos pais não sabem disso acabam acreditando que os filhos não dormem porque eles estão fazendo algo errado, a gente sempre acha que se alguém tem culpa esse alguém é a gente, claro. E aí o mercado da culpa não para de nos oferecer "técnicas infalíveis" para fazer o bebê cair no sono. Existe a que ensina aos pais a prática de deixar o bebê chorando no berço (sempre tive horror a essa, porque para mim não existe a possibilidade de meu filho chorar e eu não acudi-lo prontamente, se ele não puder confiar na mãe, vai confiar em quem?). Existe quem pregue que o "segredo" para o bebê dormir mais seja espaçar o horário das mamadas (quem for adepta da amamentação em livre demanda não vê sentido nisso, porque acredita que cabe ao bebê decidir a hora que quer mamar, não ao adulto). Tem mães e pais que fazem cama compartilhada, ou seja, o bebê dorme na cama do casal para que ninguém tenha de levantar de madrugada para amamentar, fazendo com que o processo da amamentação seja menos desgastante. E há os pais que aceitam com resiliência essa fase, porque sabem que ela vai passar, como tudo na vida, e ainda vai deixar saudade, acredite.

Não, não deixa saudade, não.

Acho que essa é a única fase do bebê que quando passa a gente dá graças a Deus.

Cada bebê é único e por isso é você quem vai saber, com o tempo, o que deixa seu filho mais seguro, tranquilo e relaxado. Tem bebês que "capotam" depois de um banho morninho, outros que só adormecem se estiverem grudadinhos na mãe e aqueles mais aventureiros que só dormem quando estão na cadeirinha do carro em movimento (quem nunca saiu para dar um *rolê* de carro com o bebê de madrugada que atire o primeiro chocalho). A gente faz o que dá, recalcula a rota, e vai descobrindo, aos poucos, quem é esse bebê, do que ele gosta, o que o faz feliz. O ponto mais importante é perceber que somos nós que precisamos nos adequar a eles e não os bebês a nós. Quem é o adulto dessa relação, gente?

Lá por volta do sexto mês (pode ser antes ou depois, óbvio!), quando você acha que as coisas começam a se encaixar, seu bebê banguela tem de enfrentar uma fase que é dureza para ele: os primeiros dentinhos começam a nascer. Isso é divertido apenas para nós, que tiramos aquelas fotos lindas dos incisivos centrais inferiores despontando. A chegada dos dentes prova que o recém-nascido começa a virar um bebezão, e isso é muito emocionante. Mas os pequenos sofrem com a dor e coceira e podem ficar mais chorosos, sem conseguir dormir direito. Mas antes eles já não dormiam, né? Imagina agora.

Para ajudar os bebês a passarem por essa fase tão dolorida, os mordedores entram em ação e, se estiverem gelados, melhor ainda. Da gente, os bebês requerem uma dose extra de paciência, colo e carinho porque, se não é fácil ser mãe, ser bebê também não é bolinho não. Já pensou o que é duplicar seu peso nos seis primeiros meses de nascimento e triplicá-lo até o primeiro ano de vida? Aprender a rolar, sustentar a cabeça, sentar, engatinhar e andar em pouco mais de um ano de vida e, nesse meio-tempo, ter que encarar o nascimento de vários dentes, em doses homeopáticas e, de quebra, tomar várias vacinas, às vezes mais de uma por mês? *Se coloque no meu lugar, mamain!*, diria o bebê, se já soubesse falar. *É muita coisa em pouco tempo!*

Capítulo 9

Era uma ótima mãe, até que meu filho nasceu

Você estava preparadíssima. Tinha lido os livros mais hypados sobre maternidade, filhos, criação com apego, amamentação, saltos de desenvolvimento e educação. Estava com tudo planejado e esquematizado – não iria dar chupeta ou mamadeira nunca, jamais, em tempo algum, amamentaria em livre demanda, o bebê não dormiria na sua cama ou só dormiria com vocês que, inclusive, já tinham discutido sobre quais bases iriam criá-lo e decidiram por unanimidade que tablets, televisão, Galinha Pintadinha e Peppa Pig não teriam vez nem se a vida estivesse dura demais e se toda a ajuda do mundo tivesse fugido para as montanhas, não, não e não!

Mas daí a vida real chega, arromba a porta e pega aquelas suas convicções, promessas e livros e faz picadinho deles. Momento de levantar, pegar uma toalhinha e deixar por perto, porque a partir de agora muita coisa que a gente cuspiu para cima começa a cair lindamente na nossa testa.

"*Eu não vou dar chupeta pro meu filho*", gritei aos quatro ventos, para quem quisesse ouvir. Mas uma amigona que mora em Nova Iorque não escutou porque mora longe e me mandou pelo correio uma chupeta linda, com o nome do meu filho gravado. Guardei carinhosamente no fundo do guarda-roupa, pensei que ela poderia ser usada em um enfeite de porta, penduradinha no pescoço de um bichinho de pelúcia, *quando tiver tempo, faço*. A minha ortodontista já tinha me contado sobre todo o mal que a chupeta fazia, mas nem precisava. Fui a-criança-que-usou-chupeta-até-os-cinco-anos e sofri demais para me livrar daquilo que, além de dependente, ainda me deixou "bicuda" e me fez usar aparelho ortodôntico por anos. Na época não sabia que a chupeta também causava a tal confusão de bicos e era responsável por grande parte dos desmames precoces, como te contei no capítulo sobre os desafios da amamentação.

Mas eram três horas da manhã.

TRÊS.FUCKING.HORAS.DA.MANHÃ.

Samuca já tinha mamado. Estava com a fralda limpa. Com uma roupinha confortável. Mas não parava de chorar. Nada, nada no mundo o consolava. Eu colocava-o coladinho ao meu corpo. Cantarolava baixinho uma canção de ninar. Revezava com o marido, quem sabe no colo do pai se acalma. Nada, nada, nada parecia tranquilizar meu filho. Já pensava em suicídio, quando lembrei e quase gritei: *a chupeta que a Manuela me mandou de presente!*

Enquanto meu marido embalava o guri, sem sucesso algum, comecei a jogar no chão tudo o que estava no guarda-roupa e me separava daquele objeto proibido e místico. Nesse momento a escala materna de culpa marcava zero – descobri nesse instante que culpa aparece apenas no coração de pessoas que estão descansadas e raciocinando – esse não era o meu caso, definitivamente.

Meu marido ensaiou uma cara de a-gente-não-tinha-combinado-que-não-ia-dar-chupeta?, mas a esperança de voltar para cama fez com que ele engolisse a pergunta e até sorrisse. As pessoas que são privadas de uma noite boa de sono são capazes de tudo, até de abrir mão de suas convicções pessoais, e nós éramos a prova (morta-viva) disso.

"Você não jogou fora não, né?", meu marido perguntou com a voz embargada, com medo da resposta.

Não, guardei aqui no guarda-rou... Achei! ACHEI!, gritei baixinho como quem acaba de encontrar o bilhete premiado da mega-sena da virada, então dado como perdido.

mãe sem manual

Fervemos a chupeta e, ufa, o bebê aceitou a *maledeta* e se acalmou, nos concedendo umas duas horinhas de sono – o que parece um pequeno passo para o homem, mas é um grande descanso para quem está à beira do colapso mental.

A culpa, claro, nos visitou pela manhã, quando estávamos mais calmos e descansados, mas sofrendo de uma enorme ressaca moral.

Será que a gente precisava mesmo ter dado a chupeta?

Devíamos ter sido mais fortes!

Sou muito #menasmãe, pensei.

Depois que demos a chupeta a primeira vez, foi difícil abrir mão dela. Por sorte, meu filho pegava no sono e sempre cuspia a *maledeta*, e assim foi por quase um ano. Chegou uma época em que eu, mais segura no papel de mãe e já conhecendo o temperamento do meu filho, sumi com a chupeta. Ele nunca pediu, eu não ofereci mais e ela saiu da nossa vida com menos drama do que quando entrou.

Maternidade é como o Waze: é preciso recalcular a rota o tempo todo. Eu tinha opinião formada sobre cama compartilhada, que perigo, *não quero matar meu filho esmagado!* Ou então: *se colocarmos o bebê na nossa cama vamos transar onde?* Mas depois que percebi que não existia nada mais calmante para meu filho do que estar entre o pai e a mãe, a cama compartilhada foi liberada sim. Sempre que as coisas ficavam mais difíceis ou cansativas, bora colocá-lo na nossa cama. Além de ganharmos um bebê mais calmo e seguro, de quebra descobrimos que na casa existem vários outros lugares interessantes para fazer sexo além da cama, sabia? Olhe para o banheiro, o sofá da sala e o closet (sim, o closet!) com outros olhos, amiga.

Comecei a fazer uma lista mental dia desses e me dei conta de que mudei de ideia em pelo menos metade das coisas que jurei que "nunca, jamais" faria quando tivesse filhos. Sim, eu era uma ótima mãe. Até que meu filho nasceu.

Quando as crianças reais chegam à nossa vida real vemos que existem aquelas convicções inegociáveis, *não, meu filho não vai comer doce e nem beber refrigerante por que não vai, pronto e acabou* e outras promessas e resoluções que a gente tomou cedo demais mas não tem saúde, tempo ou disposição para manter, vida que segue, sabe como é, *eu erro, tu erras, nós erramos.*

Quando eu ainda era uma mãe sem filhos, ou seja, a mãe perfeita, achava um absurdo oferecer papinha industrializada aos bebês, *meu filho só vai comer comidinha caseira feita com ingredientes orgânicos.* Mas, olha só, depois que minha licença-maternidade acabou, o tempo ficou escasso, nem sempre dava para se fazer a tal papinha perfeita. Adivinha o que por muitas vezes eu comprei?

Papinha industrializada. Sim, meu filho comia papinha industrializada pelo menos duas vezes na semana.

Eu nunca vou ser dessas mulheres que depois de terem filhos saem de casa desarrumadas, não é possível que não tenham sequer um minutinho para se ajeitar...

Eu joguei casaco por cima do pijama várias vezes e saí de casa. Consegue imaginar a cena? Era um pouquinho pior.

Nunca vou pegar avião com um bebê de colo, coitadinho, eles têm de ser poupados desse estresse.

Sim, pegamos a ponte aérea algumas vezes e foi ótimo, paguei a língua, obrigada por perguntar.

Eu nunca vou ser daquelas mulheres que só falam de filhos, que coisa chata, né, ninguém aguenta esse assunto o tempo todo.

Sim, eu falo de filhos, tenho um blog que fala de filhos e estou lançando aqui um livro que fala de filhos.

mãe sem manual

Eu nunca vou chamar meu marido de "papai", né, que coisa mais infantil e boboca, o marido da gente tem nome e é por esse nome que devemos chamá-lo sempre.

Perguntem para o papai com qual frequência costumo chamá-lo de papai.

Definitivamente "nunca" é muito tempo. "Às vezes" ou "talvez" parecem-me advérbios mais adequados para quando falarmos de nossas convicções maternas, assim ninguém morre de vergonha depois. Já ocorreu de um "às vezes" virar um "nunca mais", claro, eu já mudei muito de ideia e depois mudei de novo e disse o oposto do que eu disse antes, eu prefiro ser uma metamorfose ambulante do que ter aquela velha opinião formada sobre tudo, *obrigada Raul Seixas, você entendeu exatamente o sentimento.*

Já te disse que hoje eu amo a Galinha Pintadinha? Amo. A penosa me ajudou muito e eu não costumo ser ingrata a quem me estendeu a mão, ou melhor, a asa.

Pó pó pó pó pó. Ela é demais. Seu filho vai gostar também.

Você e seu bebê já se conhecem muito bem, obrigada. Cada chorinho daqueles já foi decifrado. Está claro quando o buá buá é de fome. Quando é de sono. Quando é de fome and de sono. Quando é para mostrar que o que ele quer e precisa é do seu colo. A conexão entre vocês dois já é tão grande que, muitas vezes, você desperta de madrugada para confortá-lo, segundos antes que chore. A amamentação entrou nos eixos, o bebê continua dormindo pouco, mas você já se acostumou, ou melhor, conformou-se e tem se sentido tão disposta e à vontade no papel de mãe que até voltou a malhar e perdeu uns quilinhos que sobraram da gravidez.

A maternidade é como o Pilates.
Está fácil?
Então está errado.
E quem avisa é o calendário. Sua licença-maternidade está no finzinho e a vida vai dar mais uma chacoalhada, aperte o cinto.

Você e seu filho não vão mais acordar juntos, preguiçosamente agarradinhos, e aqueles passeios no parquinho em busca do solzinho da manhã só vão ser possíveis aos fins de semana. Uma das coisas que a maternidade nos ensina é que a rotina, hábito que o dicionário teima em classificar como algo ruim, é aconchego e segurança para o bebê. Com você de volta ao trabalho, chegou a hora de traçar novas estratégias e planejar (com a ajuda de *tooooda* uma galera) como vai ser a nova vida daqui para frente.

Desde quando você engravidou, essa pergunta está no ar: *quem vai ficar com o bebê quando eu voltar ao trabalho?* Você já visitou berçários, escolinhas, pegou indicações de babás, bolou algumas táticas, fez planos mirabolantes, mas nada disso parece fazer mais sentido. Você está completamente apaixonada pelo seu bebê e, no fundo, no fundo, acredita que a melhor escolha seria que ele ficasse com você. A ideia de passar parte do dia longe te deixa completamente sem ar, a garganta seca. O coração dói.

Eu que nunca, jamais e em tempo algum cogitei largar o trabalho para cuidar de filho me flagrei imaginando como seria bom se pudesse dar um tempo na carreira para passar mais um tempo *só* cuidando do bebê. Sim. Cheguei a cogitar essa hipótese, confesso, e esqueci de te contar no capítulo anterior sobre como torcia o nariz para a mulherada que deixava a carreira no *pause* para passar mais tempo com os pequenos. Pois é. Depois que eu tive de voltar ao trabalho não só entendi todas essas mulheres como senti inveja daquelas que podiam optar por esse caminho, veja só como a maternidade não para de nos ensinar nem um minuto.

Antigamente essa escolha era a mais óbvia e socialmente aceita. Se alguém tinha que ficar com o bebê, que fosse a mãe, ora, o pai era o provedor da família e ela, quando trabalhava, ganhava menos. Mas hoje as coisas não são mais assim. As mulheres construíram suas carreiras com sangue, suor e lágrimas, alcançaram posições importantes, ganham bem, amam o que fazem e o trabalho faz parte de sua identidade, não é tão fácil assim apertar o botão *pause* da carreira, *volto depois, quando der.*

Além disso, o dinheiro que ganhamos é fundamental para fechar as contas do mês, e deixar de trabalhar pode até ser uma vontade, mas nem sempre é uma opção real. Muitos homens, por outro lado, já topam percorrer o caminho inverso e consideram a hipótese de serem eles os cuidadores dos filhos – eu conheço alguns casais que fizeram as contas e foram os pais que abriram mão do emprego para cuidar da casa e dos filhos, já que as mães ganhavam mais.

mãe sem manual

Seu filho precisa de um cuidador carinhoso e atencioso, mas essa pessoa não precisa necessariamente ser você. Pode ser o pai, o avô, a avó, a madrinha, o padrinho, a babá, as funcionárias da creche ou do berçário – cada família decide o que cabe no coração e no orçamento.

Eu amava desesperadamente meu filho e curti intensamente cada instante que passamos grudados durante aqueles quase cinco meses. Queria ficar mais com ele mas, por outro lado, também sentia falta de me arrumar para sair de casa, do dia a dia de uma redação de telejornal, das reuniões de pauta e, principalmente, dos papos de adulto. Eu também queria muito aquela vida de volta e, de quebra, não podia abrir mão dos meus rendimentos de jeito nenhum. Eu era mãe, mas a maternidade era apenas uma parte da minha vida. Uma parte gigante, enoooorme, sem dúvida alguma, mas concluí que se não voltasse ao trabalho me sentiria infeliz e incompleta. #ProntoFalei.

Na época, minha carga horária era bem razoável, o que fez com que decidir voltar à velha rotina não fosse uma escolha difícil de ser feita. Eu ia para a redação apenas depois do almoço, ou seja, passaria parte do dia com meu filho. Como trabalhava fora do horário comercial, também escapava do trânsito, que teima em roubar horas importantes do nosso dia. Somando a jornada de trabalho com o tempo de deslocamento de ida e volta, ficaria cerca de oito horas longe dele. Meu pai se ofereceu para cuidar do neto e eu contratei uma babá para ajudá-lo na tarefa. Como as coisas se encaixaram de um jeito fácil, eu estava segura.

Mesmo louca para voltar, foi um pesadelo voltar. Dá para entender? No dia que o calendário impôs eu me arrumei e, na hora de sair para a minha nova velha vida, agarrei-me ao meu filho como se estivesse partindo para uma viagem de meses para outro continente. Meu pai teve praticamente que arrancar o guri do meu colo à força. Fui chorando de casa até o trabalho.

Quando revi meus amigos, escrevi meu primeiro texto e tive o primeiro papo de adulto depois de meses, percebi que parte de mim e do meu coração também estavam lá, na redação. As coisas rapidamente se encaixaram.

Mas nem sempre é assim. Você pode chegar ao trabalho e perceber o contrário. A vida de antes, as pessoas de antes, o trabalho de antes não fazem mais sentido para você, talvez não fizessem já há tempos, mas isso provavelmente só tenha ficado nítido agora, porque você deixou um bebê em casa para estar ali.

Em alguns empregos e profissões a falta de rotina é rotina. Você tem hora para entrar no escritório, mas não para sair. Esperam que você viva para a empresa, responda e-mails de dia, de noite, de madrugada e aos fins de semana, deixe a vida pessoal em segundo plano e encare as horas extras como um presente, sinal de reconhecimento profissional. Muitas mulheres desistem de amamentar nesse período, já a empresa não está nem aí se você precisa de tempo e de um lugar calmo e tranquilo para retirar leite, que vaza do peito durante o dia, como se chorasse de saudades do bebê. Há alguns anos você pode até ter sido feliz e adorado esse ritmo, mas *putz*, ele não faz mais sua cabeça agora. O que fazer? Engolir o choro e voltar à roda-viva de uma jornada insana ou lutar com unhas e dentes por um trabalho mais humano que dê espaço para os cuidados com seu filho?

Esse é o famoso "momento epa!"

Epa, não é isso que eu quero para a minha vida!

Muitas mulheres tentam abrir negociações para uma volta escalonada, uns dias no escritório, outros em home office. Outras propõem redução de jornada pelo menos até o bebê ficar maiorzinho e a distância não doer *esse tantão assim*. Empresas inteligentes, que não querem perder a força de trabalho feminina, entendem que vale a pena ceder, flexibilizar regras, negociar. Mas tem chefia que não quer saber de mudança, esperneia e a relação profissional começa a ficar abalada.

E você vê os sinais dos tremores por todos os lados. Alguns projetos importantes saem da sua mão, você ouve sempre em tom de brincadeira que "não rende mais como rendia antes", reuniões são agendadas para o horário que você precisa sair da empresa ou corre o risco de não chegar a tempo para pegar seu bebê no berçário (seria o terceiro atraso na semana e você já se sente uma mãe horrível) e a cara feia vira a serventia da casa. O nome dessa avalanche de coisas ruins que têm acontecido com você desde que voltou da licença-maternidade é um só: assédio moral. Ele chegou, puxou a cadeira e sentou do seu lado na firma, para te espezinhar de meia em meia hora e lembrar que o mundo espera que você trabalhe como se não tivesse filhos. E que seja mãe como se não trabalhasse fora.

Lutar contra tudo e contra todos nesse período em que você está tão sobrecarregada fisicamente e emocionalmente é um exercício cansativo, sabe? Por isso muitas mulheres se rendem a uma voz vinda sabe-se lá de onde, quase um canto da sereia:

Largue tudo e vá abrir seu próprio negócio!

Vire empreendedora! Vai ser incrível! Você ganha dinheiro e, de quebra, passa o dia inteiro com seu bebê!

Como todas as idealizações maternas, essa é uma das mais cruéis. Empreender por necessidade, no susto, sem planejamento ou um plano de negócio nem sempre dá certo. Não sou eu que estou dizendo, são as estatísticas. Assim como a maternidade não é para qualquer um, ter o próprio negócio também não. E começar um empreendimento do zero enquanto se cuida de uma criança pode ser como assobiar e chupar cana e *você precisa saber disso*.

Toca o telefone. Você não tem secretária. Nem babá. *É um cliente!* E seu filho está aos prantos, a fralda sujona de cocô. *"Oi! er.. Alô! Claro, mando o orçamento para você nesse minuto!"*.

Talvez você só consiga enviar o tal orçamento em três horas. Ou no dia seguinte. Porque depois da troca de fralda, tem o almoço. E depois do almoço, seu filho quer brincar, afinal a mamãe está em casa, não era para ter momentos incríveis com ele que você deixou aquele trabalho massacrante? E depois da brincadeira, seu bebê dorme uma horinha, mas antes de enviar o e-mail você decide colocar a roupa dele para lavar, ou seu filho não terá nada limpo para vestir em alguns dias. *Er... O que eu estava fazendo, mesmo?*

Assim como as imagens e os depoimentos da maternidade perfeitinha invadem nossas redes sociais e nosso subconsciente, a maternidade empreendedora cor-de-rosa está se espalhando como a salvadora da relação com nossos filhos. Pode até ser, desde que você saiba que a foto que apareceu em seu Facebook de uma mãe vestida com uma camisa social com um bebê fofo no colo, enquanto trabalha em seu laptop, **não é real,** é de um banco de imagens, já ouviu falar deles? Troque a camisa pelo pijama, o cabelo escovado por um coque preso por uma caneta e a maquiagem perfeita por um kit olheiras passei-a-madrugada-trabalhando-para-curtir-o-dia-com-meu-filho e comece a entender um pouco melhor a vida de uma mãe empreendedora. Aliás, você sabe que nenhuma criança do mundo, inclusive "as francesas que não fazem manha", fica quieta ou distraída com seus chocalhos no colo de uma mãe que monta uma tabela de Excel, né?

Claro que se o sonho de abrir o próprio negócio sempre correu em suas veias e você vem planejando há tempos essa virada, a hora realmente pode ser agora. Mas se a ideia de empreender foi só um jeito encontrado para passar um tempo com seu filho e ainda ganhar

mãe sem manual

dinheiro saiba que você pode encontrar uma rotina tão estressante quanto a anterior, com uma remuneração menor e ainda por cima mais instável. E, de quebra, não vai conseguir ser a mãe que planejava ser quando decidiu ficar com seu filho em tempo integral.

Jogar tudo para o alto e parar de trabalhar, *chega, já deu, beijo, não me liguem,* sempre é uma opção, claro. Mas se seu curriculum for daqueles com vários idiomas, pós-graduação, mestrado e doutorado, o mundo vai pedir sua interdição judicial. "Como assim vai largar seu emprego de diretora de multinacional **só** para cuidar de filho?" Hora de fazer cara de alface e emendar a pergunta com outra pergunta: "Você acha que educar uma criança para que ela se torne um ser humano decente é pouca coisa?".

Tum-dum. Fecha o pano.

Capítulo II

Estamos há 365 dias sem acidentes

A Terra deu uma volta completa em torno do sol a uma velocidade de 107.000 km por hora desde que seu filho nasceu. E agora chegamos ao mesmo ponto onde estávamos há um ano, quando seu bebê chegava ao mundo. Dizer que estamos no mesmo lugar é figura de linguagem, porque nada está na mesma posição: nem o planeta, nem você, nem os bibelôs que enfeitavam a sala que agora foram para cima dos armários porque seu filho, veja só, não quer saber mais de ficar no seu colo.

É só você levantá-lo que começa todo um contorcionismo para mostrar que agora o lugar certo não é mais nos seus braços e sim no chão, onde ele pode explorar os armários, o sofá, as tomadas(!), a privada(!), as tampas todas, *cuidado*, não podemos bobear, afinal estamos há 365 dias sem acidentes e hoje temos uma festa para comemorar tal marca! Estamos todos bem de novo, felizes como nunca, aprendemos tanta coisa com você, bebê, que os olhos teimam em ficar rasos d´água.

Seu bebê até então banguela já coleciona os primeiros dentinhos. Está sempre de pé, apoiando-se em tudo, olhando o mundo de cima agora. A independência dele, recém-conquistada, é também um pouco sua. Desde que você ficou corajosa para sair por aí com seu filho, sem lenço e sem documento *(hahaha, mentira, com um pacote de lenços umedecidos, três trocas de roupa, casaco de frio e no mínimo cinco fraldas)*, começou a conhecer o fantástico mundo *das outras mães.*

São mulheres com quem você nunca se relacionaria, porque aparentemente não tem nada em comum com elas, mas como sempre as encontra no parquinho/brinquedoteca/berçário e seu filho começa a se afeiçoar/brincar/morder/enfiar o dedo no olho do filho dela, aproximaram-se e ficaram amigas.

Aquela mãe que você achou logo de cara que não tinha nada a ver com você se transformou na amiga que te dá os conselhos mais sábios e um ombro vez ou outra. Logo ela, que educa a filha de um jeito tão diferente do seu, que deixa a menina comer porcarias de vez em quando, ao contrário de você, que é medrosa e superprotetora, te mostra todos os dias com quantas nuances se faz uma mãe real. Está vendo? Não é só seu filho que tem aprendido coisas novas nesse primeiro ano de vida. Ao sair de sua bolha, você também está descobrindo algumas coisas, inclusive que existem vários jeitos de ser mãe, além do seu. Ufa, que alívio.

Mesmo sem querer, seu filho também tem te ensinado muita coisa desde que começou a interagir com outras crianças. Até então você tinha certeza de que ele era a criança mais linda, especial e inteligente do mundo, mas ao olhar ao redor, percebe que todas as crianças são as mais lindas, especiais e inteligentes do mundo, sob os olhos de suas mães. Ele é só uma criança comum, lindamente comum, aliás, mas não é o mais precoce, esperto ou brilhante do playground só porque já está soltando uns "mamamás" e "papapás" por aí.

Também não tem problemas só porque decidiu não engatinhar, ora, ora, na visão dele sair se arrastando por aí é para os fracos: *estou guardando energia para começar logo a andar, sacou mamain?* Que sorte a dele que você descobriu há tempo que ele é só uma criança, a sua criança, que é diferente de todas as outras porque o seu coração está batendo no peito dele, mas isso não o faz melhor nem pior que ninguém.

Em um mundo onde tempo é dinheiro e planejar os detalhes de tudo é qualidade que pode beirar a obsessão, observar, respirar e respeitar que o outro, no caso seu filho, é uma pessoa diferente de você e tem um ritmo diferente do seu e do resto do mundo pode parecer uma excentricidade, uma loucura a ser justificada. Mas pode ser um exercício ótimo de maternidade, o primeiro de muitos, aliás. Seu bebê vai sentar e engatinhar apenas quando estiver pronto para a tarefa e isso pode ser em um tempo bem diferente do que você ou aquelas tabelas de desenvolvimento (que, claro, têm sua importância, mas são feitas de papel, enquanto seu filho é de carne e osso) consideram como ideal.

As primeiras palavras serão pronunciadas apenas quando fizerem sentido, os primeiros passos serão dados quando as perninhas estiverem fortes e as fraldas serão dispensadas quando ele, seu filho, der o sinal de que consegue controlar o xixi e o cocô e não quando você decidir que "chegou a hora". A gente estimula, cuida, interage, olha e guarda. Mas não estamos no comando de nada, não.

O tempo voou como os palpiteiros de gravidez disseram que voaria. Mais uma vez eles estavam certos. E cada etapa que ficou para trás deixou saudade. Mais um ponto para eles, não é que tinham razão, aqueles linguarudos!

"Aproveita que passa depressa!", disseram. Sim. Você piscou e seu filho está completando o primeiro ano de vida. Ninguém pode dizer que foi um ano de tédio, porque nessa viagem de 365 dias ao redor do sol nenhum dia foi igual ao outro, teve choro de puerpério, de cólica, de noite maldormida, de peito rachado, de dente nascendo e lágrimas felizes porque o bebê sorriu, colocou o dedo do pé na boca, rolou, engatinhou, cresceu e apareceu.

Se ele está cabeludo, rechonchudo, cheio de dentes e de confiança, você também está diferente, olhe-se no espelho: como alguém que não dorme direito há um ano está radiante desse jeito? Quem disse que a privação do sono não faz bem para a pele? Mentira, não faz, não, mas os cosméticos de qualidade foram inventados para isso, e uma boa maquiagem combinada a um sorriso no rosto é um truque infalível de beleza, estou há seis anos nesse ritmo, confia em mim, você está linda como nunca e, de quebra, teu filho te fez uma pessoa infinitamente melhor.

Há um ano todos também diziam que tudo ia dar certo, e era verdade, não podia ter dado mais certo. Quando você olha nos olhos tão atentos e felizes do seu filho, uma certeza te inunda: como fui capaz de acertar tanto nessa vida?

Todos estão chegando na sua casa, procurando pelo bebê, enchendo-o de presentes e mimos. Ele é o centro das atenções, mas meu abraço é para você.

O primeiro aniversário de um bebê é também o primeiro aniversário de uma mãe.

Parabéns.

Capítulo 12

Mas cadê o pai dessa criança?

Embora ninguém nunca faça essa pergunta, eu decidi fazê-la aqui, no último capítulo desse livro. Quando uma criança se comporta mal, não está indo bem na escola ou apronta para valer, o primeiro questionamento que se faz é outro, sempre oposto: "Mas cadê a mãe dessa criança?". A pergunta mostra que, olha só, o mundo vê a mãe como a única responsável, ou melhor, a irresponsável que permitiu que a criança se comportasse do tal jeito, "sua mãe não te deu educação, não?".

Se quem perguntou pela mãe (e só por ela) pensasse um pouco e voltasse no tempo, mais especificamente às aulas de biologia da escola, lembraria que o bebê só existe porque houve o encontro **entre** o óvulo, da mãe, e o espermatozoide, do pai, e logo emendaria uma segunda questão, envergonhado pelo esquecimento: "Mas cadê o pai dessa criança que também não está aqui para ver o que ela anda aprontando?".

Claro que existe uma questão social e cultural profundíssima por trás dessa visão obtusa da sociedade de que a mãe é a principal, senão a única responsável pelo bem-estar e também pela educação dos seus filhos — e isso eu deixo para os antropólogos e psicólogos discutirem, quem sou eu para colocar a mão nessa cumbuca?

Mas, como mãe, luto diariamente para deixar claro ao mundo que minha participação em toda essa aventura de transformar a criança que pari em alguém decente e de cuca legal não cabe só a mim. Eu não a coloquei sozinha no mundo, não vou cuidar dela sozinha, não vou educar sozinha, não vou ficar sem dormir sozinha, venha cá, marido, meu amor, estamos juntos e de mãos dadas nessa caminhada.

Mas sei que muitas vezes a mulher não divide as tarefas simplesmente por não ter com quem dividir. Muitos pais ainda acreditam que existem "coisas de mãe" e "coisas de pai" e, por isso, se furtam a participar ativamente da criação dos seus filhos — que grande azar o deles, preciso dizer — mas também que grande infortúnio delas, que têm sobre seus ombros todas as demandas dos filhos e muitas vezes da casa e, claro, sentem-se, com isso, sobrecarregadas, estressadas e frustradas por carregar nas costas um mundo que não foi construído somente por elas.

Outras vezes a mulher não tem com quem dividir a criação dos filhos simplesmente porque o pai "deu no pé" e não somente do casamento, o que pode acontecer, claro, ninguém é obrigado a ficar junto se o amor acabou, mas também sumiu da vida do filho e virou o "pai quando dá".

O "pai quando dá" é aquele que aparece quando dá, mas nem sempre dá porque ele tem que trabalhar, tem que viajar, tem que namorar, tem que descansar, tem que postar fotos nas redes sociais. Ele também muitas vezes só paga pensão "quando dá" e quase nunca dá, porque ganha pouco/está desempregado e a ex-mulher tem que entender e, se não entende, é porque é "recalcada", "mal-amada", que nunca se conformou com a separação. A Justiça muitas vezes é chamada a intervir e lembra ao pai das aulas de biologia da escola sim, aquela história do óvulo e do espermatozoide, e argumenta que como o filho foi feito por duas pessoas, as duas têm de arcar, em partes iguais, com suas despesas.

Mas existe também o outro lado da moeda, claro, sempre existe. Algumas mulheres afastam os filhos dos ex-maridos, acreditando que a criança possa também ser alçada à categoria de "ex". Não, não pode. Não existe ex-filho, ainda bem, essa parte da relação do casamento de vocês foi a única que deu certo pelo jeito, não estrague isso também. Pais e filhos têm o direito a uma relação saudável e amorosa apesar de toda a dor, mágoa e sofrimento que o fim de um casamento possa ter deixado pelo caminho.

Eu disse que não iria falar sobre toda essa questão social e cultural envolvida nessa ideia cruel de que as mães são as maiores responsáveis pelos cuidados com os filhos, mas menti, não aguento, preciso lembrar que está nas mãos da nossa geração mudar a maternidade e a paternidade do futuro. Enquanto presentearmos nossas filhas apenas com bonecas, pias e fogões e nossos filhos com carrinhos, espaçonaves e roupas de super-heróis no Natal, dia das crianças e aniversário, estaremos dizendo qual o papel delas nesse mundo e o que não é esperado deles, *vocês não precisam cuidar dos bebês e da casa, isso é coisa de mulher!*

Nenhuma mãe nasce mãe, mas ela é educada a vida inteira para ser mãe. Nenhum pai nasce pai, mas os meninos são desestimulados a vida inteira a se transformar em pais. Não podem brincar de boneca, nem de casinha, nunca puderam lavar a própria roupa ou tirar um prato da mesa, como esperar que eles entendam no futuro o que é uma vida a dois?

Muita coisa tem mudado, ainda bem. As mulheres e os homens já se deram conta de que pai não ajuda, pai cria junto. Quando ele troca fralda, dá banho no filho ou passa madrugadas insones tentando consolar o bebê, faz a mesma coisa que você faria, se estivesse na sua vez, ou seja, nada mais do que a obrigação. Já pensou se a cada troca de fralda você ganhasse foto e elogios nas redes sociais? São quase oito trocas por dia, ninguém ia aguentar tanta aparição nas redes.

Embora tenhamos as mesmas obrigações, não somos iguais. Os pais podem demorar muito mais que a gente para entender o que significa o nascimento de um filho. E tudo bem. O bebê foi gerado no nosso ventre e fez com que sentíssemos enjoo, tonturas, dores nas costas e mesmo com a barriga crescendo e a criança mexendo loucamente, a gente demorou mais de nove meses a entender do que se tratava tudo aquilo.

Para os homens, o nascimento de um filho é um acontecimento abstrato durante muito tempo. Eles não ficam grávidos, não dão à luz, não são demandados nos primeiros tempos do bebê (que só quer saber de peito e mais peito) e só virarão as pessoas favoritas dos próprios filhos quando os pequenos notarem que também existe um cara legal que está sempre cuidando da mamãe, "vamos sorrir para ele também". É um exercício grande de paciência até a chegada do grande prêmio, o coração dos filhos. Mas estando do nosso lado por todo esse caminho, eles ganham o nosso coração para sempre.

Não são motivos
para uma cesariana, mas foram dados como motivos para uma cesariana:

1) Aceleração dos batimentos fetais
2) Adolescência da mãe
3) Anemia
4) Asma
5) Acidente Vascular Cerebral antes do parto, o conhecido derrame
6) Bacia muito estreita (*o popular "nossa, você é tão pequeninha!"*)
7) Bebê "alto", bebê "não encaixado", "grande demais" ou "pequeno demais"
8) Bolsa rota, ou seja, bolsa estourou, mas o trabalho de parto não começou (*segundo Dra. Melania, o limite de horas que se pode esperar nessa situação é variável, ou seja, não é indicação imediata para uma cesariana*)
9) Candidíase
10) Cardiopatia
11) Cegueira materna (*a mulher cega pode ter parto normal porque uma coisa é uma coisa e outra coisa é outra coisa, né?*)
12) Cesárea anterior
13) Circular de cordão umbilical

14) Diabetes (tipo 1 e tipo 2) ou diabete gestacional

15) Diagnóstico de desproporção céfalo-pélvica (*o famoso "'não vai ter passagem" sem que a gestante tenha entrado em trabalho de parto e antes que esteja dilatada de 8 a 10 centímetros*)

16) Endometriose

17) Enxaqueca

18) Epilepsia

19) Escoliose

20) Estreptococos do grupo B

21) Falta de dilatação (*se não dilatou é porque o trabalho de parto nem começou*)

22) Gastroplastia (*também conhecida como cirurgia bariátrica, redução de estômago ou cirurgia de obesidade*)

23) Glaucoma

24) Gravidez gemelar (*não é porque você está grávida de gêmeos que não vai conseguir um parto normal, avisa a obstetra e a obstetriz*)

25) Gravidez prolongada, o famoso "passou da hora" (*o bebê pode nascer até a 42ª semana de gestação de parto normal se a gravidez for bem monitorada*)

26) Hemorroida

27) Hérnia de Disco

28) Hiper ou hipotireoidismo

29) Histórico de câncer de mama ou câncer de mama na gravidez

30) Histórico de depressão pós-parto, óbito neonatal em gravidez anterior ou de trombose venosa profunda

31) HPV com ou sem NIC (*neoplasia intraepitelial cervical*)

mãe sem manual

32) Idade avançada da mãe
33) Incontinência Urinária
34) Insuficiência Renal
35) Infecção urinária *(embora seja uma questão séria durante a gestação, não é motivo para cesariana)*
36) Inseminação artificial, fertilização in vitro ou qualquer tratamento de fertilidade
37) Lesão medular *(mulheres paraplégicas, tetraplégicas podem ter bebê em um parto normal e sem dor!)*
38) Lúpus
39) Líquido amniótico em excesso
40) Mecônio no líquido amniótico *(o mecônio são as primeiras fezes eliminadas pelo recém-nascido. A cesariana só é indicada, segundo Melania e Ana Cristina, se houver padrões anormais da frequência cardíaca do bebê e se for descoberto após o rompimento da bolsa)*
41) Mioma uterino *(exceto se funcionar como tumor prévio)*
42) Obesidade materna *(ou seja, as gordinhas podem parir de parto normal, por que não?)*
43) Pólipos uterinos
44) Pressão alta ou baixa
45) Prolapso da válvula mitral
46) Sedentarismo
47) Síndrome de Down
48) Trombofilias
49) Uso de antidepressivos ou antipsicóticos
50) Útero retrovertido ou bicorno
51) Zika vírus

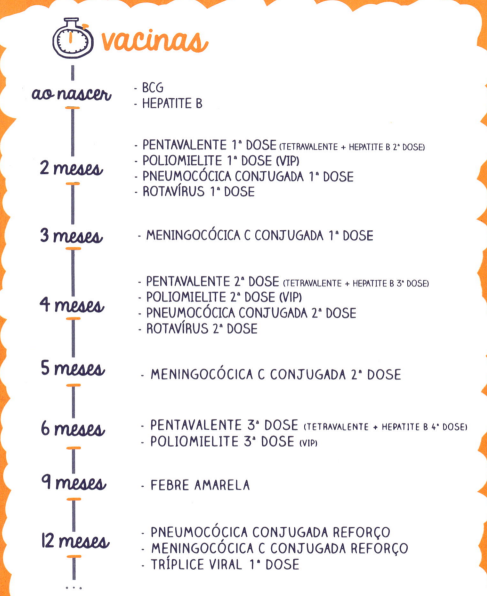

Se você curtiu este livro, também vai gostar de

Um relato bem-humorado dos malabarismos diários que um casal moderno faz para criar suas filhas

www.belasletras.com.br